바이킹을 탄 이순신

바이킹을 탄 이순신

쏭내관의 재미있는 ✚ 덴마크 역사 기행

송용진 글·사진

HISTORY OF DENMARK

지식프레임

바 이 킹 을 탄 이 순 신

어쩌다 덴마크

덴마크? 내게 덴마크와 관련된 추억이 있었던가?

그러고 보니 한때 떠났던 배낭여행에서 덴마크에 갔던 경험이 떠오른다. 살인적인 물가, 비바람 치는 우울한 날씨. 그때 경험했던 덴마크의 추억은 아마 이 정도가 아닐까 싶다. 어쨌든 내게 덴마크는 다시는 가지 않을, 아니 갈 필요가 없는 나라였다.

그러던 어느 날 우연히 사진 한 장을 보게 되었다. 덴마크 코펜하겐 공항에서 찍은 사진에는 "Welcome to the World's Happiest Nation!"이란 문구가 적혀 있었다.

'덴마크가 세계에서 제일 행복한 나라라고?'

아무리 다시 봐도 도저히 믿기 어려운 문구였다. 최소한 내 기억 속의 '덴마크'와 사진 속에 있는 '행복의 나라 덴마크'는 정말이지 어울리지가 않았다. 그러다 묘한 호기심이 발동하기 시작했다.

"도대체 왜? 왜 덴마크가 행복한 나라라는 거야?"

그 후 시간이 날 때마다 덴마크를 검색해보고 관련된 책을 읽기 시작했다. 덴마크에 대한 정보가 머릿속에 쌓이고 정리가 되면서부터는 "아! 행복할 수도 있겠네!"로 바뀌었고, 더 깊이 파고들다 보니 "덴마크 사람들은 행복할 수밖에 없겠다!"라는 결론에 이르렀다.

마땅한 지하자원 하나 없고, 인구도 국토 면적도 우리보다 작은 나라. 주변은 모두 강대국들이고 우울증 걸리기 딱 좋은 날씨까지. 최악의 조건을 두루 갖춘 덴마크는 잘사는 나라를 넘어 행복한 나라의 반열에 올랐다(2018년 세계번영지수(Global Prosperity Index) 5위).

"도대체 그들에게는 어떤 역사가 있었기에 그것이 가능했을까?"

바이킹을 탄 이순신?

이 책의 주요 내용은 덴마크 역사다. 그런데 제목이 《바이킹을 탄 이순신》이라니 도대체 이게 무슨 소리인지 가늠이 안 되는 독자가 있을지 모르겠다.

이 책에는 덴마크의 역사를 통해 한국의 과거를 돌아보고, 현재를 생각하고, 미래를 내다볼 수 있는 이야기들이 실려 있다. 생각해보면 오늘날 대한민국은 수많은 영웅 이순신들이 만든 역사의 산물이다. 태초에 이 땅에 터를 잡고 돌도끼를 만들던 이순신들부터 얼마 전 촛불을 든 이순신들까지 얼마나 많은 이순신들이 만들어낸 역사의 작품인가! 그래서 이순신은 나요 너요 우리인 것이다. 이제 우리 이순신들은 두근대는 마음으로 덴마크 바이킹이 항해했던 그 길을 여행할 것이다.

바이킹은 흥분이다! 박진감이 넘치지 않으면 바이킹이 아니다. 지금 이 부분을 읽고 있는 순간 이미 승선은 완료되었다. 무척 짜릿한 여행이 될 테니 기대하시라!

이 책을 읽어야 할 세 가지 이유

—

이 책은 3년이 넘는 기간 동안 방대한 자료 조사 후 덴마크 현지를 여러 번 방문해 사진을 찍어가며 완성한 책이다(심지어 이 글을 쓰는 2018년 여름, 나는 덴마크에서 '한 달 살이' 중이다). 무엇보다 이 책의 장점은 쉽게 읽히는 내용이라는 점이다. 어려운 단어와 복잡한 역사를 이 책에서는 절대 찾아볼 수 없다. 남녀노소 누구나 이해하기 쉬운 수준이니 겁먹지 마시라.

이외에도 이 책을 읽어야 하는 이유를 잠시 설명해볼까 한다.

첫째, 우리 자신을 성찰할 수 있는 기회를 제공한다.

오늘날의 덴마크가 어떻게 탄생했는지 덴마크의 역사를 시대순으로 서술했다. 어느 날 하늘에서 뚝 떨어진 역사는 없다. 과거의 축적된 문화가 꽃을 피워 지금 이 순간을 만들듯 오늘날의 강소국 덴마크 역시 수많은 역사의 축적을 통해 탄생했다. 하지만 이 책은 단지 덴마크의 역사를 서술하는 것에 그치지 않는다. 이 책을 쓰게 된 가장 큰 목적은 앞에서 언급했듯 덴마크의 역사를 통해 우리 역사를 살펴보고, 현재를 반성하고, 미래를 바라보는 것이다.

때로는 덴마크 역사와 우리 역사의 데칼코마니 같은 이야기들을 소개했다. 약 1,000년 전 덴마크 왕 에리크 4세는 교회에 세금을 부과하려다 성직자들의 반발에 부딪혀 결국 포기하고 만다. 당시 덴마크 교회는 일부 귀족들과 결탁해 많은 불법을 저질렀고 이런 교회의 갑질에 농민들은 힘든 삶을 살았다. 그런데 같은 시기 한반도에서도 똑같은 상황이 벌어지고 있었다. 고려의 사찰도 덴마크의 교회처럼 세금을 내지 않았다. 오히려 나라에서 공짜로 받은 곡식을 농민들에게 빌려주며 비싼 이자까지 챙겼다. 책을 읽다 보면 시대나 장소가 다를 뿐 '덴마크와 한국의 역사가 이리도 비슷한가!'라는 재미를 느낄 수 있을 것이다.

때로는 덴마크의 역사를 통해 우리 역사 속 교훈을 소개한다. 덴마크의 왕 발데마르 2세 때(1219년) 만들어졌다는 덴마크 국기는 세계에서 가장 오랜 역사를 가진 국기다. 덴마크인의 국기 사랑은 유별나다. 집집마다 깃대를 만들어 자발적으로 국기를 게양하고 자국 국기 관련 기념품은 늘 베스트셀러다. 내가 힘들 때 국가가 나를 지켜준다는 역사적 경험은 믿음과 신뢰가 되었고, 이는 자연스럽게 애국심으로 이어졌다. 국기는 이런 애국심의 상징이다. 그렇다면 우리에게 태극기는 어떤 의미일까? 태극기의 유래와 더불어 우리에게 태극기와 애국심은 어떤 관계인지 살펴보았다.

때로는 같은 원인으로 전혀 다른 결과를 낸 한국과 덴마크의 역사를 비교했다. 1970년대 석유값 폭등으로 전 세계의 경제가 급속도로 위축됐다. 석유를 거의 100% 수입하는 덴마크와 한국은 모두 혼란에 빠졌다. 이런 위기 상황에서 덴마크 정부는 많은 시민단체, 전문가 집단과 함께 토론하며 국가의 미래를 바꿀 정책을 결정했다. 바로 친환경 에너지로의 전환이었다. 그리고 지금 덴마크는 세계 최고의 풍력 발전 기술을 보유한 나라가 되었다. 반면 같은 경제 위기 속 한국 정부의 에너지 정책은 정권의 입맛에 맞는 몇몇 전문가들에 의해 좌우되고 만다. 이렇듯 같은 위기를 양국이 어떻게 대처했는지 그리고 그 결정이 어떤 결과를 만들어냈는지 비교해보았다.

둘째, 덴마크의 역사 속에서 유럽의 역사를 본다.

유럽의 역사는 때로는 종교로, 때로는 민족으로 나뉘며 이어졌기에 나라 간에 공유되는 역사가 많다. 덴마크의 역사도 마찬가지다. 십자군전쟁에서 최근 난민 문제까지, 이 책을 읽다 보면 어느 순간 유럽의 역사에 푹 빠져 있는 나를 발견하게 된다. 그것도 아주 흥미롭게 말이다.

셋째, 최고의 여행 가이드북이다.

우리는 유럽을 여행하면서 멋진 건물 앞에서 사진을 찍고 작은 글씨로 적혀 있는 짧은 영어 설명문을 읽는다(또는 가이드의 설명을 듣기도 한다). 하지만 설명문의 내용은 수천 년의 역사를 한두 줄의 문장으로 정리한 것이니 그 내용이 단편적일 수밖에 없다. 사실상 그 유적지나 유물에 대한 깊이 있는 이해는 불가능하다.

이 책은 덴마크의 역사를 시대순으로 스토리텔링 기법을 이용해 풀었다. 그러다 보니 인어공주상, 레고 등 덴마크 여행 가이드북에서 봤던 역사적 사건, 장소, 인물들이 등장한다. 이 책을 읽고 덴마크를 여행한다면 또 다른 덴마크를 만날 수 있을 것이다.

매우 편파적인 덴마크 찬양!

이 책을 읽다 보면 덴마크 사람들은 마치 교회 주보 속 천사처럼 행복해 보인다. 또 덴마크라는 나라가 우리가 꿈꾸던 유토피아처럼 느껴지기도 한다. 그러나 사실 현실 속 덴마크는 환상적인 유토피아와는 좀 거리가 있다.

덴마크는 자살률이 높고 기대 수명도 78.4세로 낮은 편이다. 의료비도 무료라고는 하지만 일반 민영 병원에 비해 수준이 다소 떨어진다. 교육 면에서도 국제학업성취도평가(PISA) 결과 덴마크 학생들의 성적은 꽤 낮은 편에 속한다. 심지어 세율은 세계 최고다. 덴마크 사람들은 평생 나라를 위해 일하는 공무원이라는 말이 있을 정도도. 덴마크의 저축률(1%)은 다른 서구 국가들(5.7%)에 비해 월

등히 낮다. 마치 미래가 없이 하루 벌이 하는 사람들처럼 느껴진다. 이뿐만이 아니다. 덴마크 내 소득 불균형도 계속 진행 중이어서 최근 들어 상위 20%의 소득이 하위 20%의 소득보다 3배 이상 많은 지경에 이르렀다(물론 다른 나라보다는 월등히 낮다). 이외에도 덴마크의 부정적인 면은 무척 많다.

　그럼에도 이 책은 오직 덴마크의 긍정적인 면만을 다루었다. 그 이유는 자명하다. 수많은 부정적인 요소에도 불구하고 덴마크의 국가 경쟁력과 행복 지수는 여전히 세계 최상위를 유지하고 있기 때문이다. 우리에게 덴마크는 배울 점이 너무 많은 나라다. 나는 그들의 역사 속에서 그 배울 점을 찾았고 우리도 달라질 수 있다는 희망을 얻었다. 그래서 더욱 편파적으로 덴마크를 찬양하기로 했다. 그러니 독자들도 나와 같은 편견을 갖고 이 책을 읽기 바란다. 이 책이 우리 자신을 반성하고 현실에 대한 생각을 바꾸는 기회가 되기를 바란다.

　　　　　　　　　　　　　　　　　　- 덴마크 코펜하겐에서 쏭내관

Contents

PART 8 보편적 복지 시대 1972~현재

PART 9 덴마크 사람들이 우리보다
조금 더 행복한 이유

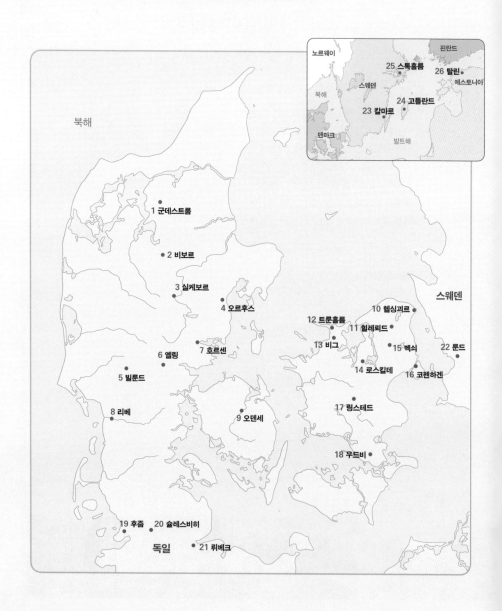

• 이 책에 소개된 덴마크 주요 도시 •

노르웨이
핀란드
25 스톡홀름
26 탈린
스웨덴
에스토니아
북해
24 고틀란드
23 칼마르
덴마크
발트해

북해

1 군데스트룹

2 비보르

3 실케보르

4 오르후스

10 헬싱괴르

12 트룬홀름

11 힐레뢰드

스웨덴

13 비그

15 벡쇠

22 룬드

6 옐링   7 호르센

14 로스킬데

16 코펜하겐

5 빌룬드

8 리베

9 오덴세

17 링스테드

18 우드비

19 후줌   20 슐레스비히

독일   21 뤼베크

번호	지역	주요 유적
1	군데스트룹	군데스트룹 은솥(41p)
2	비보르	덴마크 부흥운동 기념비(비보르 박물관)(197p)
3	실케보르	미라(39p) · 푼넬비커(34p)
4	오르후스	애비 교회 바이킹시대 예수 조각상(72p)
5	빌룬드	레고 하우스(283p)
6	엘링	고름왕 비석(59p)
7	호르센	탐드룹 교회 (블루투스 왕의 세례 관련 금속판)(64p)
8	리베	리베 성당 (한스 타우젠 목사 동상)(133p)
9	오덴세	성 크누드 교회(87p) · 크누드 4세 동상(86p) · 오덴세 철도 박물관(197p) · 안데르센 박물관(1/1p)
10	헬싱괴르	크론보르 성(122p)
11	힐레뢰드	프레데릭스보르 성(270p)
12	트룬홀름	태양의 전차(35p)
13	비그	선사시대 사냥감 들소 유골(33p)
14	로스킬데	바이킹 배(51p) · 로스킬데 교회(120p)
15	벡쇠	청동기 시대 투구(45p)
16	코펜하겐	압살론 주교 동상(94p) · 티코 브라헤 동상(140p) · 크리스티안보르 궁전(154p) · 프레데릭 5세 동상(156p) · 농노제 폐지 기념비(160p) · 그룬트비 동상(165p) · 프레데릭 7세 동상(180p) · 인어공주상(224p) · 칼스버그 미술관(223p) · 크리스티아나 타운(263p) · 코펜하겐 대학교(310p) · 머스크 본사(317p) · 키에르케고르 동상(183p) · 노동자 박물관(207p) · 한국전쟁 참전비(254p)
17	링스테드	발데마르 1세 동상(92p)
18	우드비	그룬트비 성경책(그룬트비 생가)(185p)
19	후줌	후줌 교회 기사상(78p)
20	슐레스비히	데인방벽 박물관(230p)
21	뤼베크	한자동맹 박물관(115p)
22	룬드	룬드 대성당(90p)
23	칼마르	칼마르 성(117p)
24	고틀란드	비스비 전투 유물(112p)
25	스톡홀름	스톡홀름 대성당 기사상(130p) · 바이킹시대 투구(46p) · 마르그레테 여왕 의복(스웨덴 역사 박물관)(118p)
26	탈린	린다니세 전투(98p)

청동기시대의 유물인 태양의 전차(Sun Chariot, 기원전 1700~500년)

BC 15000~AD 800

PART 1
덴마크의 탄생

수십만 년 지속된 빙하가 녹으며 유틀란트반도가 만들어졌다. 이곳에 정착한 사람들은 사냥 대신 농사를 택했고, 구석기, 신석기, 청동기, 철기시대를 거치며 오늘날 덴마크 땅에 터를 잡았다. 덴마크 사람들은 BC 500년부터 AD 800년까지, 약 1,300여 년 동안 켈트 문화, 그리스 로마 문화 그리고 게르만 문화까지 시대에 따라 유행한 유럽의 문화를 받아들이며 그들만의 고유한 바이킹 문화를 만들었다.

HISTORY OF DENMARK

01
해빙기

지구 온난화가 만든 나라, 덴마크

———

　상상을 초월한 엄청난 규모의 화산 폭발, 우주로부터 날아온 행성과의 충돌, 주기적으로 찾아온 추위(빙하기) 등 수많은 자연 현상의 변화에 많은 생물들이 진화와 멸종을 거듭하며 살아남았다. 그 중에서도 주기적으로 오는 빙하기는 가장 무서운 자연재해였다. 지구의 기온이 1도 높아지면 생물 중 10% 이상이 멸종한다는 연구 결과가 있을 만큼 온도는 지구 생태계에 치명적인 영향을 미친다. 빙하기 때 지구의 평균 온도는 지금에 비해 약 8.5도가량 낮았다고 한다. 쉽게 말하면 지구 전체가 한겨울이었던 것이다.

　지구는 지금까지 약 네 번의 빙하기를 거쳤다. '바이크셀(Weich-selian) 빙하기'로 불리는 덴마크의 마지막 빙하기는 약 11만 5,000

국토의 대부분이 평지로 이루어진 덴마크

년 전에 시작되어 10만 년 이상 지속되었다. 특히 2만 년 전에는 100층 건물 높이의 빙하가 북유럽을 포함해 지구의 대부분을 덮고 있었다.

　위기를 극복하면 기회가 온다고 했던가. 매서운 강추위가 서서히 풀리면서 1만 년 전부터 봄이 오기 시작했다. 높아진 기온은 대규모의 빙하를 녹였고 녹은 빙하는 지표면의 돌이나 흙을 깎아내려 깊은 계곡을 만들었다. 당시 만들어진 계곡 사이로 바닷물이 들어오면서 오늘날 북유럽의 대표적인 지형인 '피오르(fiord)'가 형성되었다. 하지만 모든 빙하가 같은 작품을 만든 것은 아니다. 노르웨이 지역의 빙하가 깊은 계곡을 만들었다면, 1,000미터 이상 되는 덴마크 지역의 빙하는 평평하게 깎인 지형을 만들었다. 그래서 오늘날 덴마크에는 높은 산이 존재하지 않는다. 제일 높은 산의 높이가 200미터가 안 될 정도다.

이런 지구의 역사를 보고 있자니 우리가 매일 보는 뒷산, 앞개울 모두가 수천, 수만 년 전 자연의 상호 작용이 만든 작품임을 새삼 깨닫게 된다.

tip
지구 온난화가 만든 빙하기?

●●● 약 4,000~6,000년 전부터 지구는 생물이 살기에 가장 적합한 환경이 되었다. 인간은 빙하가 녹아 생긴 강과 그 주변의 평야를 중심으로 사회와 문명을 형성했다. 잠깐 찾아온 이 봄날에 인류는 지금껏 역사를 만들고 있는 것이다. 여기서 잠깐이란 표현을 쓴 이유는 또다시 빙하기가 오기 때문이다. 그래서 지금을 빙하기와 빙하기 사이의 '간빙기'라고 부른다. 일부 학자들은(WHOI, 미국의 우즈홀 해양연구소) 이미 다섯 번째 빙하기가 오고 있고 심지어 지구 온난화가 빙하기를 앞당기고 있다고 주장한다.

지구 온난화 때문에 전 세계가 난리인데 빙하기라니? 잠깐 설명을 덧붙이자면, 날씨는 햇빛의 양과 해류(난류와 한류)의 영향을 많이 받는다. 북쪽에 위치한 덴마크가 겨울철에 한파가 없는 이유는 주변에 흐르는 난류 때문이다. 바닷물은 바람, 온도, 염분의 차이 등으로 끊임없이 흐른다. 하지만 지구 온난화로 인해 북극의 빙하(담수)가 녹을 경우 농도가 옅어진 바닷물 때문에 북극 한류와 적도 난류의 흐름이 바뀔 수 있다. 만약 이 변화로 적도의 난류가 북쪽으로 올라가지 못한다면 더 추워진 북극 한파가 자연스럽게 남쪽으로 내려와 겨울이 길어진다는 것이다. 물론 아직까지는 일부 학자들의 주장이지만 지구 온난화가 자연의 흐름에 악영향을 미치는 것만은 분명한 사실이다.

tip
지구의 온도를 낮추는 세 가지 방법

●●● 태평양에는 한반도의 여섯 배가 넘는 거대한 쓰레기 섬이 있다. 얼마 전에는 플라스틱 빨대가 코에 박혀 괴로워하는 바다거북의 모습이 소셜미디어에 공유되어 많은 이들을 안타깝게 했다. 우리가 무심코 버린 빨대 하나가 바다로 흘러들어가 한 생명을 위협했던 것이다.

이렇듯 환경 문제가 날로 심각해지면서 지구 온난화의 속도도 점점 빨라지고 있다. 지구 온난화의 발생 원인은 크게 자동차 공해, 화력 발전소 공해, 그리고 쓰레기 공해로 나눌 수 있다.

우선 자동차 공해를 줄이기 위해서는 사람들이 자가용보다 대중교통과 자전거를 더 편하게 이용할 수 있는 환경을 만들어야 한다. 자전거 도로의 정비와 확대, 전기 자전거의 보급 등이 해결책이 될 수 있다.

또 화력 발전소에 따른 공해는 풍력, 태양광, 지열, 조류 등의 친환경 발전소를 지역의 특성에 맞게 개발해 설치하는 것으로 해결할 수 있다. 흔히 친환경 에너지는 들어가는 돈에 비해 효율이 낮다고들 하지만 요즘은 기술의 발달로 제품의 성능은 높아지고 가격은 낮아지는 추세다.

미지막으로 쓰레기 재활용이다. 매일 엄청난 양의 플라스틱류가 태워지고 버려지지만 그중 대부분은 재활용이 가능한 것들이다. 재활용은 습관이다. 습관은 교육과 제도로 충분히 교정될 수 있다.

지구 온난화를 막는 친환경 국가, 덴마크

—

앞서 언급한 지구의 온도를 낮추는 세 가지 방법이 비현실적이라고 말하는 사람도 있을 것이다. 누구나 알고 공감하지만 막상 실천하기엔 쉽지 않은 것이 환경 운동이기 때문이다. 그런데 이 어려운 문제를 해결해내는 나라가 있다. 바로 덴마크다.

덴마크는 전 세계적으로 가장 완벽한 자전거 교통 체계를 가진 국가로 '자전거 천국'이라 불린다. 덴마크 정부는 100년 전부터 모든 교통 인프라를 자전거 위주로 바꾸고 다양한 종류의 자전거를 보급했다.

100년 전부터 자전거 보급에 힘쓴 자전거의 천국 덴마크

사실 덴마크가 자전거 천국이 된 가장 큰 이유는 자동차를 타기에 불편한 환경 때문이다. 높은 세율로 인해 자동차 가격이 비싸고 주차장 이용도 그리 편하지 않다. 반면에 자전거 도로와 대중교통 연계 시스템 등이 잘 갖춰져 있다. 물론 이 정책은 환경에 대한 국민적 합의가 있었기에 가능했다.

또한 덴마크는 어려서부터 가정과 학교에서 재활용을 가르친다. 2016년, EPR 포장재 재활용률이 89%에 달할 정도로 덴마크는 재활용률이 높은 나라다. 대부분의 덴마크 마트에는 재활용품 수거 기계가 있다. 가정에서 가져온 빈 페트병을 넣으면 마트에서 쓸 수 있는 상품권 영수증이 나온다. 분리수거에 대한 보상이 즉시 이루어지는 것이다.

그럼에도 불구하고 발생하는 쓰레기는 에너지원으로 사용된다. 코펜하겐 중심부에 위치한 쓰레기 발전소는 덴마크 전체 사용 전기의 약 20%를 충당하고 있다. 게다가 1970년대 이후 꾸준히 이어진 친환경 에너지 정책으로 현재 덴마크는 전기 생산량의 절반 가량을 풍력 발전에서 얻고 있다. 이렇듯 1만 년 전 빙하가 녹으면서 만들어진 덴마크는 이제 빙하를 녹이는 지구 온난화에 대응하며 미래를 설계하는 나라가 되고 있다.

02
문명의 시작

들소 사냥꾼의 업종 변경, 농업

이미 빙하시대부터 북유럽의 툰드라 지역에는 들소를 사냥하던 사냥꾼들이 있었다. 오늘날과 비교할 수 없는 추위를 극복하며 그들은 생존을 이어갔다. 기원전 9,000년경, 날씨가 따뜻해지면서 지금의 중동 지역부터 시작된 농업은 지중해를 건너 조금씩 북쪽으로 전해졌고, 기원전 4,000년경에는 덴마크와 영국에까지 전파되었다. 덴마크 사람들은 이제 사냥에서 농업으로 업종을 전환했다.

농업은 먹잇감을 찾아 이동을 했던 사냥과 달리 한 곳에 정착을 해야 가능했다. 곡식을 담을 흙 그릇이 만들어졌고 농토를 중심으로 집단생활을 하면서 사회가 형성되었다. 약 5,000년의 시간을 거치며 북유럽으로 전파된 농경은 이제 덴마크 고유의 문화로 자리

덴마크 비그(Vig) 지역에서 발굴된 고대 덴마크 사람들의 사냥감인 들소(Aurochs)

덴마크 신석기시대의 대표적인 유물인 푼넬비커(Funnelbeaker, 기원전 4,000~2,700년)
(덴마크 실케보르(Silkeborg)에서 출토)

잡았다. 학자들은 이를 '푼넬비커 문화(Funnelbeaker culture)'라고 부른다. 이 시기에 푼넬(Funnel, 깔때기) 모양의 비커(beaker, 그릇)가 많이 만들어져 붙여진 이름이다. 우리 역사로 비유하자면 '빗살무늬 토기시대' 정도가 되겠다.

밑이 뾰족한 깔때기 모양의 빗살무늬 토기는 우리나라의 신석기를 대표하는 유물이다. 수천 년 전 한반도와 지구 반대편의 덴마크가 속한 유틀란트반도, 전혀 다른 지역에 이렇듯 비슷한 문화와 역사가 만들어지고 있었다.

우리가 믿는 진실의 진실, '태양의 전차'

—

돌과 흙으로 문화를 만든 인간은 자연스럽게 금속을 다루기 시작했다. 덴마크도, 한국도 모두 비슷한 '청동기'에 접어들었다. 고대 한국 문화가 대부분 중국으로부터 전파된 반면, 고대 덴마크 문화는 오늘날 터키 지역을 중심으로 형성된 문화가 북상해 만들어졌다. 터키는 중앙아시아와 유럽이 만나는 지역이다. 문화란 서로 영향을 받으며 발전하는 것이니 어쩌면 동양 문화의 일부도 터키를 통해 덴마크로 전해졌을지 모른다.

인간은 다른 동물에 비해 똑똑하다. 지능이 높으니 생각도 많고 그만큼 걱정과 두려움도 많다. 걱정이 많은 인간은 자연스럽게 의지하고 싶은 상대를 찾게 된다. 그래서 주변의 해, 달, 나무, 돌, 동물

청동기시대 덴마크 사람들의 세계관을 볼 수 있는 '태양의 전차'
(덴마크 트룬홀름(Trundholm)에서 출토)

등을 인간을 초월한 존재인 신으로 숭배하며 의지했다. 고조선의
단군 신화도 결국은 곰을 신으로 믿는 부족과 호랑이를 믿는 부족
간의 갈등이 신화로 전해진 것이다. 이를 '토테미즘(totemism)'이라
한다.

덴마크 역시 토테미즘의 영향을 받았다. 일명 '태양의 전차(Sun Chariot)'로 알려진 청동기시대 유물은 당시 덴마크 사람들이 태양을 어떤 관점에서 보았는지 잘 보여주고 있다. 약 3,000년 전, 그들은 아침에는 물고기, 점심에는 말, 그리고 저녁에는 뱀이 각각 태양을 옮겨 밤낮이 생긴다고 믿었다.

"말도 안 돼. 어떻게 그런 상상을 했지?"라고 생각할 수도 있다. 그런데 가만히 생각해보자. 지구가 둥글고 태양 주변을 돈다는 사실이 상식이 된 것은 고작 얼마 전이다. 그 전 사람들은 지구가 네모라고 믿었으니 말이다. 그렇다면 지금 우리가 믿는 수많은 과학 이론은 진실일까? 3,000년 후 우리 후손들도 자연을 바라보는 관점이 우리와 같을까? 고대인들의 믿음이 우리에게 유치한 신화로 들리듯 후손들도 어쩌면 같은 시선으로 우리를 보게 될지 모를 일이다.

· 역사배틀 ·
2,300년 전 덴마크 미라 vs 350년 전 조선 미라

●●● 덴마크 사람들도 우리 조상들처럼 하늘과 태양을 향해 제사를 지냈다. 그런데 놀라운 사실은 사람을 제물로 사용했다는 것이다. 덴마크 학자들은 덴마크 실케보르(Silkeborg) 인근에서 발견된 미라를 당시 제물로 희생된 사람이라고 추정했다.

그런데 어떻게 수천 년 된 인간의 시신이 미라의 형태를 유지할 수 있었을까? 덴마크는 추운 북극도, 건조한 사막도 아닌데 말이다. 뜻밖에도 그 원인은 늪에 있었다. 정확히 말하면 '이탄 늪'이었다. 이탄(Peat)이란 흙과 동식물의 사체 등이 오랜 시간 물속에서 탄화되는 과정에서 완전히 단단해지기 전 진흙 상태의 석탄을 말한다. 바깥 공기가 차단된 채 진흙처럼 굳은 석탄 속에 묻힌 당시 희생자들은 2,300년 전 사람이라고는 도저히 믿기지 않을 만큼 온전한 상태로 발굴되었다.

미라는 단순한 흥미의 소재를 넘어 '역사의 타임캡슐'이라 불린다. 그 시대의 역사를 모두 품고 있기 때문이다. 사망 당시 유행했던 의복은 물론 부검을 통해 먹었던 음식, 체내에 있는 바이러스까지 파악이 가능하다. 추운 북극이나 건조한 사막이 아닌 늪지대에서 발견된 덴마크 미라는 과학적으로도 그 가치를 높이 평가받고 있다.

덴마크 미라가 수천 년 전 냉혹한 사회상을 보여주고 있다면, 한국에는 인간애로 사람들의 마음을 울린 소년 미라가 있다. 2001년, 경기도 양주에서 발굴된 소년 미라는 발견 당시 촉촉한 피부에 손발톱은 물론 머리카락까지 온전한, 마치 조용히 잠을 자고 있는 듯한 모습이어서 많은 사람들을 놀라게 했다. 사람들의 말문을 더 막히게 한 것은 소년과 함께 발견된 유품이었다. 350년 전, 부모는 천연두로 생을 마감한 늦둥이를 쉽게 떠나보낼 수 없었다. 싸늘하게 식은 아들을 품에 안은 채 아버지는 혹시나 아이가 추울까봐 자신의 옷을 바닥에 깔아 아이를 눕혔고 어머니는 자신의 옷을 덮어주었다. 그래

덴마크 실케보르에서 발견된 2,300년 된 미라

서였을까! 마치 은혜에 보답이라도 하듯 아이는 따뜻한 부모의 옷
속에서 온전한 모습으로 세상 빛을 보게 되었다.

그런데 유독 조선시대 무덤에서 미라가 자주 발견된다. 그 이유로
학자들은 관 주변의 석회를 꼽는다. 조선시대 양반들의 묘는 관 주
변을 석회로 바르는데 바로 이 석회가 외부 공기를 차단시켜주기 때
문이다. 그러고 보니 덴마크 미라는 자연이, 이집트 미라는 인간이,
그리고 조선시대 미라는 자연과 인간이 함께 만들어낸 작품이라고
할 수 있겠다.

03

문명의 이동

철의 시대

—

인구의 증가는 경쟁을 낳았고, 경쟁은 전쟁으로 이어졌다. 살아남기 위해서는 더 강한 무기가 필요했다. 그러다 마침내 인간은 금속의 꽃이라 불리는 철을 발견하고 철기를 만드는 데 성공했다. 오늘날도 사실상 철기시대에 속한다고 하니, 철의 발견은 인류사를 바꾸어놓기에 충분한 사건이었다.

철의 사용으로 권력의 빈익빈 부익부 현상이 심화되었고 큰 사회가 작은 사회를 흡수 통합하면서 조금씩 부족 국가의 형태를 갖춰갔다. 다양한 사회가 서로 영향을 주고받으며 인류의 문명을 발전시키듯 덴마크 역시 유럽 문화를 받아들이며 독창적인 철기 문명을 만들어갔다.

덴마크의 켈트화 (BC 500~AD 1)

약 2,500년 전 남유럽은 그리스 로마, 중앙유럽은 켈트족(Celt)의 영역이었다. 켈트족은 오늘날 영국, 프랑스, 독일, 남부 스위스, 오스트리아, 루마니아 지역에서 철기 문화를 바탕으로 세력을 형성하고 있었다. 화려한 문화를 자랑하던 그리스 로마 입장에서 켈트족은 야만족이자 변방의 아웃사이더였다. 이렇게 켈트 문화가 평가절하를 받는 이유는 유럽 역사가 수로 그리스 로마의 입장에서 서술되었기 때문이다.

덴마크 군데스트룹에서 발견된 대표적인 켈트 문화 유물, 군데스트룹 은솥(Gunderstrup Cauldron)

켈트 문화는 일명 '할슈타트 문화'라고도 불린다. 관련 유물이 오스트리아의 할슈타트 지역에서 많이 발굴되었기 때문이다. 지리적으로 오스트리아, 독일과 가까운 덴마크는 당연히 켈트족의 영향을 받을 수밖에 없었다. 특히 덴마크의 군데스트룹(Gunderstrup)에서 발견된 은으로 만든 솥(Cauldron)에는 당시 켈트족의 문화가 자세히 묘사되어 있는데, 이 유물은 역사적, 문화적 가치를 인정받아 덴마크 최고의 보물 중 하나가 되었다.

tip
할로윈 축제의 원조, 켈트 문화

●●● 우리가 잘 아는 할로윈 축제의 원조는 켈트족이다. 그들은 겨울 동안 저승의 문이 열려 귀신들이 이승을 자유롭게 돌아다닌다고 믿었다. 그래서 겨울이 시작될 즈음 해골이나 사람의 머리 모양으로 조각한 무 안에 불을 밝혀 귀신을 쫓아냈다고 한다. 그 뒤 켈트족의 후손인 아일랜드 이민자들이 미국으로 건너가 무 대신 호박을 사용하면서 오늘날의 할로윈이 되었다.

덴마크의 켈트화의 로마화 (1~400)

—

약 2,000년 전, 로마는 점점 세력을 확장해 북으로는 영국, 서로는 스페인, 동으로는 이스라엘, 남으로는 아라비아까지 지중해 주변을 둘러싼 모든 지역에 영향을 미쳤다. 켈트 문화 역시 대부분 로마 문화권에 흡수되고 만다. 바야흐로 로마 제국의 시대가 열린 것이다. "세상의 모든 길은 로마로 통한다."라는 속담처럼 오늘날 유럽 문화의 기초를 로마 제국이 만들었다고 해도 과언이 아니다.

로마 제국의 문화에 큰 변화를 만든 사건은 단연 예수의 탄생이었다. 예수를 통해 하나님을 믿는 기독교가 유행했고 로마는 이를 정식 종교로 받아들였다. 이후 기독교와 결합된 로마 문화는 제국의 힘을 바탕으로 빠르게 퍼져나갔다. 중국의 문화가 한국을 통해 일본으로 건너갔듯 로마 문화는 켈트족을 통해 덴마크에까지 영향을 끼치기 시작했다. 말 그대로 로마화가 된 켈트 문화가 덴마크화된 것이다. 덴마크의 호비(Hoby) 고분터에서는 그리스 로마 신화가 묘사된 유물들이 발굴되었는데, 이는 2,000년 전 로마 문화가 덴마크에 얼마나 많은 영향을 주었는지 잘 보여준다.

덴마크의 켈트화의 로마화의 게르만화 (400~800)

—

영원한 역사는 없듯 로마 제국 역시 분열의 시대를 맞이했다. 여기저기 싸우는 소리에 국력은 점점 약해졌고 결국 로마 제국은 동서로 분단되고 말았다. 잘나가던 나라가 분열되면 반드시 그 틈을 비집고 다른 민족이나 국가들이 끼어들기 마련이다. 그 주인공은 게르만족(German)이었다.

'게르만'이라고 하면 보통 독일을 떠올린다. 파란 눈에 금발, 그리고 엄청 큰 덩치들! 그런데 여기서의 게르만족은 노르만족(북유럽), 앵글로 · 색슨족(영국), 프랑크족(프랑스) 등의 민족을 포괄하는 단어다. 그러니 유럽인의 상당수가 게르만족에 속한다고 할 수 있다.

그러던 중 아시아의 훈족이 유럽으로 세력을 확장했다. 그 때문에 게르만족은 자의 반 타의 반 이동을 시작했다. 이를 '게르만족의 대이동'이라 한다. 그들은 영국, 덴마크 등에 정착했고, 일부는 서로마 제국을 멸망시키고 프랑크 왕국(지금의 프랑스, 독일, 이탈리아 지역)을 만들었다.

민족의 대이동은 문화의 대이동을 뜻한다. 로마의 영향을 받은 켈트 문화가 다시 게르만 문화와 섞이며 덴마크로 유입되었다. 이 시기 덴마크에는 기존의 토속 문화와 유럽 문화가 섞이며 그들만의 특색 있는 문화가 만들어지기 시작했다. 바야흐로 바이킹시대의 개막이다.

덴마크 벡쇠(Veksø)지역에서 발견된 청동 투구.
기존의 토속 문화와 유럽 문화가 섞이며 덴마크 고유의 '바이킹 문화'가 탄생했다.

바이킹 투구

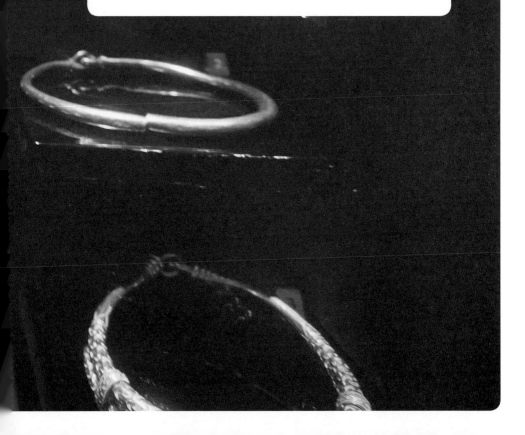

800~1050

PART 2
바이킹의 시대

바이킹은 때로는 무역을 때로는 약탈을 하면서 그들의 영역을 넓혔고, 북해를 중심으로 하는 영국, 노르웨이, 스웨덴 지역을 다스리며 거대한 북해 제국을 형성했다. 비록 기독교의 유입과 내란 등으로 덴마크의 북해 제국은 그리 오래가지 못했지만 당시 남녀 간, 신분 간의 평등 문화는 훗날 평등 국가 덴마크를 만드는 원천이 되었다.

HISTORY OF DENMARK

바이킹의 정체는?

—

덴마크인들은 게르만족의 한 부류인 노르드인에 속한다. '노르드인'이라는 이름은 '북방에서 온 사람들(Northman)'에서 유래했다.

덴마크인의 대명사인 '바이킹(viking)'에 대한 어원은 확실치 않다. 지금까지 전해지는 여러 가지 설 중 하나가 고대 노르드어로 '작은 만(灣)'을 뜻하는 'vik'에서 나왔다는 설이다. 즉 바이킹은 '작은 만에 살던 사람'이란 뜻이다. 실제로 오늘날 북유럽에 '비켄(viken)'이란 지역이 있고, 또 '이곳에 사는 사람'이라는 뜻의 '비킹르(vikingr)'라는 단어가 여기저기 사용된 것으로 봐서는 'vik' 설에 무게가 실린다.

바이킹의 활동 무대

바이킹은 우리가 흔히 생각하는 약탈을 일삼는 해적 집단만은 아니었다. 꽤 오랜 시간 나름의 무역을 통해 그들의 존재감을 알렸다. 무역은 주로 바다나 강을 따라 이루어졌는데, 이는 조상 대대로 사냥, 특히 어업에 능해서 배를 잘 만들고 잘 탔기 때문이다. '롱십(longship)'이라고 불리는 바이킹 배는 물에 잠기는 부분이 적어 높은 파도에도 안정적이었고, 노의 수가 많아 이동 속도 또한 빨랐다. 무엇보다 수심이 얕은 강에서도 사용이 용이해 유럽의 내륙 지역까지 진출할 수 있었다.

바이킹의 후손이라 불리는 대표적인 나라는 노르웨이, 덴마크, 스웨덴이다. 그러나 그들의 진출 방향에는 약간 차이가 있었다.

오늘날 스웨덴에 속하는 동쪽 바이킹들은 주로 유럽의 내륙을 지나 발트해를 건너 러시아를 포함한 흑해, 카스피해, 중동 지역의 이슬람 왕국까지 진출했다. 당시 이슬람 왕국은 세계 무역을 주도한 세력이었으니 이슬람 상인과의 교역은 곧 세계인들과의 교역을 의미했다.

반면 덴마크와 노르웨이 바이킹들은 근처 영국 섬, 아일랜드 섬 그리고 남쪽인 프랑스, 스페인, 이탈리아반도 아래까지 진출했다. 아일랜드의 수도 더블린은 바이킹의 항구도시였다. 심지어 그들은 바다 건너 캐나다 동부까지 활동 영역을 넓혔다. 1,200여 년 전에 노를 저어 대서양을 건넌다는 것은 목숨을 걸 만큼 위험한 일이었

바이킹 배 롱십(덴마크 로스킬데(Roskilde) 바이킹 박물관)

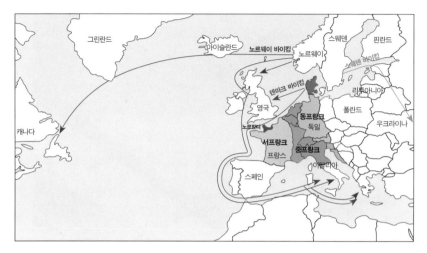

바이킹의 진출 경로

으니 그만큼 바이킹의 모험 정신과 항해술이 뛰어났다는 증거라 할
수 있다.

무역에서 약탈로

덴마크 유틀란트반도 아래쪽, 지금의 독일과 프랑스 지역에 위
치했던 프랑크 왕국(486~843)은 로마가 분열하는 틈을 노려 게르
만족들이 만든 왕국으로, 당시에는 오늘날의 미국과 같은 최강국이
었다. 그러니 프랑크 왕국과 가까운 바이킹, 특히 덴마크 지역은 늘
긴장의 연속이었다. 프랑크 왕국의 전성기를 이끈 샤를마뉴 대제

(Charlemagne, 748~814)는 계속해서 영토를 북쪽으로 넓히려 했고, 덴마크 바이킹 왕이었던 고드프레드(Gudfred)는 목숨 걸고 그들의 확장을 막아야만 했다. 당시 프랑크 왕국의 침략에 대비해 세운 '데인방벽(danewirk)'은 지금까지도 그 흔적이 남아 있다.

이런 와중에 덴마크 바이킹에게 희소식이 들렸다. 샤를마뉴 대제가 죽은 후 프랑크 왕국이 분열하기 시작한 것이다. 843년, 프랑크 왕국은 서프랑크(프랑스), 중프랑크(독일, 이탈리아 일부), 그리고 동프랑크(독일)로 분열되었다. 덴마크 바이킹은 이 틈을 노려 아이더 강(지금의 독일 렌츠부르크 인근)까지 약탈로 세력을 넓혔다.

바이킹의 도시! 프랑스 노르망디

바이킹의 약탈은 계속되었다. 885년에 파리까지 쳐들어간 바이킹은 7,000파운드의 돈을 요구했다. 그럴수록 서프랑크 사람들의 바이킹에 대한 스트레스도 커져갔다. 오죽했으면 바이킹 족장이었던 롤로(Rollo, 860?~932?)에게 공작의 지위와 다스릴 땅을 주겠다며 회유하기도 했는데, 그곳이 오늘날 프랑스 노르망디(Normandie) 지역이다. 노르망디는 '노르만인(북유럽인)이 정착한 지역'이란 뜻이다. 결국 911년, 바이킹 족장 롤로는 서프랑크의 샤를 3세와 생클레르 조약(Treaty of Saint-Clair-sur-Epte)을 맺으며 노르망디의

영국, 프랑스 지역을 침략하는 바이킹

공작이 되었다.

영국 역시 서프랑크만큼이나 바이킹의 공포에 시달렸다. 당시 영국에는 게르만족의 일부였던 앵글족(Angle)과 색슨족(Saxon) 등이 살고 있었는데 바이킹은 영국 섬의 일부를 점령하며 세력을 확장하기 시작했다. 특히 롤로의 5대손인 윌리엄 1세(William I, 1028~1087)는 영국 섬을 공격해 영국 왕위에 오르기까지 했다.

전쟁은 다른 문화와의 교류를 의미하기도 한다. 임진왜란 때 고추, 고구마 같은 서양 작물이 조선에 들어왔던 것처럼 말이다. 결국 오늘날 영국의 문화는 기존의 앵글로 · 색슨 문화에 바이킹 문화가 들어오면서 융합, 발전했다고 할 수 있다.

• 역사배틀 •
덴마크 바이킹 vs 북한 공산당

●●● 덴마크 바이킹은 때로는 무역으로, 때로는 침략으로 세력을 확장하고 문화를 교류했다. 하지만 우리에게 바이킹은 평화로운 무역보다는 해적, 약탈, 정복 같은 부정적인 이미지로 각인되어 있다. 물론 그들이 약탈과 해적질을 일삼은 것은 사실이지만 이것이 바이킹의 전부는 아니었다. 왜 우리는 바이킹을 해적으로만 알고 있을까? 아마도 그것은 바이킹에게 당한 유럽인들이 남긴 기록 때문일 것이다.

당시 바이킹은 주로 성이나 교회를 중심으로 공격과 약탈을 자행했다. 교회를 부수고 사람을 죽이고 약탈을 일삼았던 바이킹은 성직자들에게는 사람이 아닌, 악마 그 자체였을 것이다. 실제로 프랑스나 영국의 고대 문헌을 보면 바이킹을 주로 뿔이 달린 악마로 묘사하고 있다. 하지만 그 기록에는 바이킹의 약탈에 대처하지 못한 사회 지도층의 무능함과 무책임은 빠져 있다. 농민들이 세금을 내는 이유는 성주나 성직자들이 자신들을 지켜준다는 확신 때문이다. 그런데 바이킹의 약탈에서 정작 농민들은 보호를 받지 못했다. 뭐라도 변명을 해야 했던 위정자들은 오히려 자신들의 실수를 합리화하기 위해 바이킹을 더 잔인한 악마로 만들었다. 세계사를 살펴보면 침략당한 나라의 지도층은 반성하기보다는 침략자를 더 나쁘게 만들어 호도하는 경우가 많다. 그래야 자신의 실수가 묻히기 때문이다.

고대 악마의 나라가 덴마크였다면, 현대에서는 아마 '조선민주주의 인민공화국(북한)'을 떠올릴 것이다. 불과 수십 년 전만 해도 대한민국 정부는 학생들에게 반공 포스터를 그리게 했다. 반공은 '반대한다! 공산당!'이란 뜻이다. 많은 아이들이 공산주의자인 북한 지도자의 머리에 뿔을 그렸다. 반공 만화 속 북한 사람들은 모두 늑대였고, 악의 무리였다.

생각해보면 북한 사람들은 우리의 형제, 자매, 부모이자 같은 언어를 사용하는 같은 민족이다. 그런데 왜 그들을 이토록 잔인하게 묘사했을까? 가장 큰 이유는 한국전쟁이었다. 1950년, 북한은 같은 공산주의 국가였던 소련, 중국의 도움을 받아 남한을 침략했다. 물론 전쟁의 책임은 북한에게 있다. 하지만 '북한의 침략에 거의 무방비로 당한 남한 지도층'은 아무 잘못이 없었을까? 모든 전쟁은 발발 이전에 반드시 증후가 있기 마련이다. 한국전쟁 직전 많은 소련제 무기가 북한으로 넘어갔고 중국군의 움직임 역시 심상치 않았다. 하지만 남한 정부는 별다른 준비도 하지 않은 채 전쟁 직전의 골든타임을 놓쳐버렸다. 게다가 정작 전쟁이 터지자 사회의 지도층이라 불리는 사람들은 너나 할 것 없이 외국으로 도망치기 바빴다. 우여곡절 끝에 전쟁은 휴전으로 끝이 났지만 이 와중에 대통령이란 사람은 부정선거로 자신의 권력을 지키려 했고, 어느 누구도 전쟁에 대한 책임을 지려 하지 않았다. 오히려 그들은 피해자임을 주장하며 가해자 북한과 소련, 중국을 악마로 만들어 '반공'을 외치게 만들었다.

이후 권력을 잡은 독재자들에게도 반공은 체제 유지에 가장 좋은 명

유럽인들에게 바이킹은 악마와 같은 무서운 존재였다.

분이었다. 자신의 권력에 대항하는 국민들은 공산주의자로 몰아 고문하고 사형을 집행했다. 이는 북한도 마찬가지였다. 북한의 지도층들은 진짜 가해자였던 자신의 잘못을 합리화하기 위해 남한과 미국을 비난하며 자신들의 기득권을 다졌다.

2018년 판문점 선언 이후 남북한의 관계는 새로운 국면을 맞이했다. 하지만 골 깊은 이념의 갈등을 치유하기엔 더 많은 노력이 필요한 것도 사실이다. 북한은 악마가 아니다! '북한이 악마'라는 프레임을 만든 그들이 바로 진짜 악마다.

05
기록 속 바이킹의 시대

바이킹의 전설, 고름 왕

—

700년대부터 활동을 시작한 덴마크 바이킹은 800년대 프랑크 왕국의 분열 이후 그 세력을 더욱 확장했다. 그리고 900년대, 덴마크의 왕 고름(Gorm den Gamle, 재위 934~958)은 오늘날 덴마크 옐링(Jelling) 지역을 수도로 정하고 덴마크 바이킹의 전성기를 열었다.

지금도 옐링에는 거대한 비석이 있다. 비석 중 하나는 아내 티이라(Thyra)를 기리기 위해 고름 왕이 세운 것이고, 다른 하나는 그의 아들인 하랄(Harald)이 세운 것이라고 한다. 옐링 비석은 고름 왕의 가족 이야기는 물론이고 '덴마크'라는 단어가 새겨져 있어 사실상 덴마크의 탄생 증명서라 해도 과언이 아니다. 그중 하랄이 세운 비석에 새겨진 룬 문자(Runic alphabet)를 해독한 내용은 다음과 같다.

고름 왕 시대에 만들어진 비석(덴마크 옐링)

"국왕 하랄은 그의 아버지 고름과 그의 어머니 티이라를 기억하여 이 기념비를 만들라고 명령한다. 하랄은 덴마크와 노르웨이, 그리고 기독교화된 덴마크 전체에서 승리한 인물이다."

아마도 덴마크 사람들에게 옐링 지역은 우리에게 단군 신화의 전설이 깃든 강화도 마니산과 같은 곳이지 않을까.

블루투스의 원조, 푸른 이빨 하랄 왕

—

덴마크 바이킹을 세상에 알린 사람은 고름 왕과 그의 아들인 하랄(Harald Blatand, 재위 958~986) 왕이다. 특히 하랄 왕은 어려서부터 배를 타고 원정을 다닌, 정말 뼛속까지 바이킹 용사였다. 그런 그가 유럽의 기독교를 받아들이면서 덴마크는 새로운 시대를 맞이했다.

동프랑크(독일)의 황제 오토 대제(Otto I, 912~973)는 덴마크와의 전쟁에서 승리한 후 하랄 왕에게 개종을 요구했다. 하랄 왕은 정식으로 세례를 받은 후 기독교라는 새로운 종교를 앞세워 덴마크 전역을 자신의 통치하에 놓았다. 또한 기독교 전파라는 명분으로 북으로는 지금의 노르웨이와 스웨덴까지, 남쪽으로는 지금의 북부 독일인 슐레스비히(Schleswig) 지역까지 영토를 넓혔다.

역사상 처음으로 덴마크를 통일한 하랄 왕! 그는 유럽 문화를 받아들이며 덴마크 바이킹의 문화 수준을 한 단계 높였다. 그래서 덴마크 사람들은 그를 'Harald the Good', 즉 '좋은 왕'이라 불렀는데, 때로는 '푸른 이빨의 왕(Blue tooth)'이라 불리기도 했다. 전설에 의하면 그가 블루베리를 너무 좋아해 늘 이빨이 파랬기 때문이라고 한다.

블루베리 덕후였을지도 모르는 블루투스 왕은 천 년의 시간이 흐른 1994년, 또 한 번 사람들의 주목을 받았다. 스웨덴의 전자회사 '에릭슨'은 전자 기기들을 무선으로 연결하는 기술을 개발했다. 세계 최초의 혁신적인 기술을 완성한 개발자들은 그 기술의 이름을

고름 왕의 아내 티이라, 고름 왕, 고름 왕의 아들 하랄 블라톤 왕

정해야 했다. 고민을 거듭한 끝에 그들은 북유럽 최초의 통합을 이
룬 '푸른 이빨 하랄 왕'을 떠올렸다. "하랄 왕이 북유럽을 통합했듯
우리의 신기술은 모든 전자 기기를 하나로 통합할 수 있다!" 그렇
게 세상에 나온 기술이 바로 '블루투스(Bluetooth)'이다.

　하랄 왕은 알았을까? 1,000년 뒤 후손들이 쓰는 전자 기기에 자
신의 별명이 붙어 있다는 사실을 말이다. 참고로 블루투스(ᛒ)의 로
고는 하랄 블라톤(Harald Blatand) 왕 이름의 앞 글자인(ᚼ, H)와 (ᛒ,
B)를 결합한 모양이라고 한다.

tip
친근한 북유럽 신들

●●● 하랄 왕이 기독교를 받아들였을 당시 덴마크의 기독교는 일부 사람들 사이에 유행하는 작은 종교에 불과했다. 이미 북유럽에는 막강한 신들이 있었기 때문이다. 유럽의 신화라고 하면 흔히 그리스 로마 신화를 떠올리지만, 북유럽의 신화는 생각보다 우리에게 친숙하다.

북유럽 신들의 아버지라 불리는 지혜의 신은 '오딘(Odin)'이다. 고대 북유럽어로 오딘을 '오딘스-다그르(Oinsdagr)'라 불렀는데 이 단어는 '수요일(Wednesday)'의 어원이 되었다. 그의 아들인 전쟁의 신 '티르(Tyr)'는 '화요일(Tuesday)', 또 북유럽 신화의 대명사인 번개의 신 '토르(Thor)'는 우리에게 가장 힘든 요일인 '목요일(Thursday)'의 어원이다. 생각만 해도 신나는 '금요일(Friday)'은 북유럽 사랑의 여신 '프레이야(Freyja)'에서 온 단어라고 한다.

종교와 풍습

막강한 북유럽의 신들 때문인지 신흥 종교 기독교가 덴마크 사람들의 마음을 사로잡기란 쉽지 않았다. 그러나 기독교 전파에 대한 의지가 강했던 하랄 왕은 로스킬데 지역에 교회를 세우고 개종을 밀어붙였다. 심지어 기독교를 믿지 않으면 세금을 몇 배로 부과했다고 한다. 돈 앞에 장사 없다고 했던가. 결국 덴마크인들은 기독교를 받아들이기 시작했다.

동시에 그는 바이킹 문화를 기독교식으로 바꾸어갔다. 그렇게 사라진 문화가 바이킹식 순장(왕이나 귀족이 죽었을 때 신하 또는 종들을 함께 매장하던 고대 장례 풍속)이다. 그러나 왕이 명령한다고 하루아침에 종교와 풍습이 바뀔 수는 없다. 종교는 수백 수천 년에 걸쳐 내려오는 그 지역의 풍습과 연결된 문화이기 때문이다.

그러고 보니 우리나라는 덴마크와 조금은 다른 개종의 역사를 가지고 있다. 덴마크처럼 위에서부터의 개종이 아닌, 서민을 중심으로 기독교가 전파되었으니 말이다. 지금으로부터 200년 전인 1800년대, 성리학을 기반으로 300년 이상 조선을 지배한 권력층에게 평등사상을 전파하고 제사를 거부하는 천주교는 절대 받아들일 수 없는 종교였다. 신유박해(1801)를 비롯해 수많은 천주교 신자들이 처형을 당했으니 한국 기독교의 역사는 시작부터 결코 순탄치 않았다.

그런데 흥미로운 것은 불교의 나라 고려의 무역항에는 외국 상인들을 위한 이슬람 성전이 있었다는 사실이다. 최소한 조선보다는 종교적 자유가 있었다. 풍습은 또 어떠한가? 사료를 보면 고려시대, 아니 그보다 더 앞선 삼국시대에도 조선보다 훨씬 자유롭고 진보적인 문화가 많았다. 그러나 이런 문화는 유교 성리학을 앞세운 조선의 건국 세력에 의해 사라지게 되었고 조선의 유교 문화는 오늘날

965년, 선교사 포포(Poppo)를 통해 기독교를 받아들인 블루투스 왕
(덴마크 호르센(Horsens) 탐드룹 교회)

까지 이어져 우리들의 생각을 지배하고 있다.

최근 들어 인식이 많이 바뀌었지만 아직도 어른들은 결혼 후 처 갓집에 사는 남자를 탐탁지 않게 보는 경향이 있다. 하지만 데릴사 위제가 풍습이었던 고구려인들의 시선에서는 전혀 이상하지 않은 일이다.

• 역사배틀 •
역사의 진실 vs 역사책의 진실

● ● ● 덴마크 바이킹의 전성기를 열었던 고름 왕은 900년대 중반의 인물이다. 그럼 그 전에 덴마크 지역을 다스렸던 바 이킹 왕들은 누구일까? 전설에 따르면 국왕 단(Dan)이 300년대 덴 마크의 첫 번째 왕이었다. 오늘날 덴마크라는 명칭 역시 '단(Dan)의 경계선'에서 유래되었다고 한다. 그러나 안타깝게도 공식적인 기록 이 아니기 때문에 사실상 덴마크 역사에 등장하는 최초의 왕 타이틀 은 고름 왕의 차지가 되었다. 생각해보면 우리가 배우는 역사는 지 금까지 발견된 흔적에서부터 시작되는 이야기다. 만약 더 오래된 다 른 기록이나 흔적이 나온다면 그 순간부터 역사는 바뀌게 된다. 우리에게 고조선은 역사의 시작을 알리는 상징적인 국가다. 그럼 고 조선 이전의 역사는 없었을까? 당연히 있었을 것이다. 역사란 어느 순간 갑자기 나타나는 것이 아니기 때문이다.

고조선 이전에 '환국'과 '배달국'이란 나라가 존재했다고 주장하는 사람들이 있다. 삼국시대의 야사를 다룬 《삼국유사》에도 '석유환국' 이란 말이 나오는 걸로 봐서 어느 정도는 일리가 있다. 그럼에도 이런 주장이 학계에서 정식으로 인정받지 못하는 이유는 객관적 증거가 부족하기 때문이다. 다시 말하면 언제든지 객관적 자료만 나온다면 우리의 역사는 바뀔 수 있다는 뜻이다.

06

북해 제국의 중심, 덴마크

북해 제국을 건설한 스벤 1세

덴마크를 통일한 영웅! 카리스마 넘치는 블루투스 왕도 어떻게 할 수 없었던 한 사람이 있었다. 바로 아들 스벤 1세(Svend I, 재위 986~1014)였다. 아들이 쿠데타를 일으켜 정권을 잡자 아버지인 블루투스 왕은 독일 땅으로 쫓겨나는 신세가 되고 만다. 블루투스 왕처럼 역사를 보면 아들 때문에 고생한 왕이 한둘이 아니다.

우리 역사에도 후백제를 건국한 견훤이 아들 신검의 쿠데타로 쫓겨나 고려에 투항한 후 고려의 왕건을 도와 역으로 자기 아들을 공격한 사건이 있다. 견훤과 그의 아들 신검의 이야기가 900년대 이야기니 얼추 비슷한 시기에 우리나라와 덴마크에 비슷한 역사가 쓰인 것이다.

아버지 견훤을 배신하고 쿠데타로 왕이 된 신검은 1년 만에 쫓겨났지만, 덴마크의 스벤 1세는 왕이 된 후 덴마크의 영토를 늘리고 국력을 더욱 강화시켜나갔다. 그의 다음 목표는 영국 섬의 점령이었다. 무릇 전쟁이란 이기면 갑질의 권한이 주어진다. "내가 널 공격하려고 이만큼 돈을 썼으니 이 돈은 네가 갚아라!" 말도 안 되는 이야기지만 이것이 현실이었다. 영국을 점령한 덴마크 바이킹들은 주기적으로 세금(데인겔드, Danegeld)을 거둬갔고, 그 덕에 덴마크는 막대한 경제적 이득을 얻었다.

이런 전쟁 갑질은 현대에도 버젓이 이루어지고 있다. 2003년, 미국은 이라크에 화학 무기가 있다는 이유로 공격을 감행해 수많은 시설을 잿더미로 만들었다. 그리고 이라크 내 주요 인사들을 친미 세력으로 교체했다. 그 덕에 미국 자본의 글로벌 건설회사들은 이라크의 파괴된 시설들을 복구하면서 많은 돈을 벌었다. 물론 그 비용은 패전국 이라크의 몫이었다. 시대와 등장인물만 바뀌었을 뿐 전쟁의 갑질은 변함이 없다(참고로 미국이 주장했던 화학 무기는 발견되지 않았다).

어쨌든 스벤 1세는 돈으로는 성이 안 찼는지 1013년, 자신이 직접 영국 왕위에 오른다. 덴마크와 영국, 게다가 아버지 블루투스 왕 시대에 점령한 지금의 노르웨이와 스웨덴 지역까지, 그는 북해를 중심으로 위치한 국가들, 일명 '북해 제국'(1016~1035)의 제왕이 되었다.

북해 제국을 건설한 스벤 1세

덴마크의 북해 제국 지도

바이킹의 자존심! 대왕 크누드 2세

스벤 1세의 뒤를 이어 그의 장남인 하랄 2세(Harald Ⅱ, 재위 1014~1018)가 즉위했으나 너무 일찍 사망하여 차남인 크누드 2세 (Knud den Store, 재위 1018~1035)가 왕위를 물려받았다. 크누드 2세는 아버지를 따라 영국 침공의 선봉에 섰고, 1016년에는 영국의 왕까지 된 인물이다. 그가 정권을 잡을 당시 덴마크는 더 이상 해적 바이킹의 나라가 아니었다.

덴마크의 계몽 군주, 대왕 크누드

그는 유럽의 선진 문물을 도입하며 블루투스 왕 이후 또 한 번 덴마크를 발전시켰다. 재위 기간 동안 영국인과 덴마크인 사이의 갈등을 봉합하고 문화적으로 융합하고자 노력했으며, 북해 제국의 통치자로서 덴마크, 영국, 노르웨이, 스웨덴을 잘 이끌어 '계몽 군주'라는 찬사를 받았다. 훗날 덴마크인들은 그에게 '대왕(The Great)'이라는 칭호를 붙여주었다.

북해 제국, 막을 내리다

계몽 군주 크누드 대왕의 뒤를 이은 하르다크누드 왕(Hardeknud, 재위 1035~1042)과 망누스 1세(Magnus, 재위 1042~1047)는 별다른 역할을 하지 못했다. 원래 중앙의 힘이 조금만 약해져도 변방에서부터 반발하는 세력들이 나타나기 마련이다. 영국은 물론 노르웨이 지역까지 반기를 들었고, 결국 30여 년간 지속된 북해 제국의 영광도 끝이 나고 말았다.

1050년경 덴마크에 기독교가 완전히 정착되면서 사실상 유럽 대륙과의 문화적인 차이는 거의 사라졌다. 자연히 바이킹 특유의 문화는 자취를 감추게 되었고, 200여 년 이상 지속된 바이킹의 시대 역시 막을 내렸다.

바이킹시대 예수 조각상(덴마크 오르후스(Arhus) 애비 교회).
11세기, 덴마크 전역에 기독교가 완전히 전파되면서 사실상 바이킹의 시대도 끝이 났다.

07

바이킹의 유산

바이킹이 만든 그림 같은 성

250여 년간 유럽 전역을 호령했던 북유럽 바이킹들은 유럽의 역사에 많은 영향을 끼쳤다. 바이킹의 침략이 잦아지자 귀족들은 자신들의 재산(농지와 농민들)을 보호하기 위해 자체적으로 성을 쌓고 기사를 고용했다. 왕은 이런 귀족들을 불러 왕실 소유의 토지를 나눠주며 자신에 대한 충성을 맹세받았다. 다시 정리하면 왕은 귀족과, 귀족은 기사와, 기사는 농민과 함께 토지와 충성을 거래한 것이다. 이런 제도를 '봉건제도'라고 한다. 유럽을 여행하다 보면 곳곳에 크고 작은 아름다운 성들을 볼 수 있는데 대부분이 봉건시대에 만들어진 성들이다. 아마도 이런 봉건시대의 성에는 바이킹의 지분(?)도 조금은 들어 있을 것이다.

바이킹이 만든 나라와 도시

—

앵글족, 색슨족 등 다양한 민족이 살았던 영국 섬에 바이킹이 침략하자 그들은 공공의 적 바이킹에 대항하기 위해 연합해 싸웠다. 길고 긴 300여 년간의 연합은 바이킹이 물러간 후 자연스럽게 영국의 통일로 이어졌다.

프랑스의 수도 파리 역시 바이킹과 무관하지 않은 도시다. 사실 파리는 존재감 없는 작은 마을에 불과했다. 그러다 센(Seine) 강을 통한 바이킹의 침략과 약탈이 잦아지자 파리 주민들은 왕에게 불만을 토로했는데, 왕은 바이킹을 물리치기는커녕 오히려 그들의 약탈을 허락했다. 이에 화가 난 사람들은 귀족 중 한 명을 왕으로 추대하고 성을 쌓았는데 이곳이 바로 오늘날의 파리가 되었다. 참고로 프랑스 루브르 박물관 자리는 당시 바이킹을 방어했던 군사 요새였다고 한다.

바이킹이 만든 뷔페

—

'뷔페'는 누구나 알지만 이 음식 문화가 북유럽 바이킹과 관련이 있다는 사실을 알고 있는 사람은 별로 없다. 배를 타고 돌아다녔던 바이킹들은 약탈한 음식을 널빤지에 펼쳐놓고 식사를 하며 자축했다고 한다. 이 바이킹식 식사법은 프랑스로 전해졌고 시간이 흘러

바이킹들의 식사 장면

1940년대 제2차 세계대전이 끝난 뒤에 호텔을 중심으로 널리 퍼지게 되었다.

　오늘날 뷔페의 대중화에는 미국의 상업주의가 한몫했다. 음식을 펼쳐놓고 손님 스스로 먹으니 종업원의 인건비가 절감되고, 또 다양한 음식이 많은 양으로 쌓여 있어 음식의 질이 약간 떨어져도 용서(?)가 되기 때문이다. 북유럽 바이킹 고유의 음식 문화였던 뷔페가 자본의 힘에 의해 고급 식문화로 변신한 셈이다.

바이킹이 만든 평등 국가 덴마크

—

'바이킹'이 잘나갔던 이유는 무엇일까? 그들의 항해술, 문화적 포용력, 큰 덩치 등을 꼽는 사람들이 많지만 이런 이유 말고도 결정적인 요인이 하나 더 있다. 바로 그들의 '평등' 정신이다. 북유럽은 동시대 다른 문화권에 비하면 어느 정도 평등이 보장된 사회였다. 바이킹의 계급은 크게 귀족, 자유인, 노예로 나뉘는데, 그중 가장 주를 이루었던 자유인 계층은 다른 사회에 비해 많은 권한을 가지고 있었다. 그들은 자기 재산은 물론 무기도 가질 수 있었고, 귀족과 왕에게 심하게 종속되지도 않았다.

바이킹은 계급과 상관없이 참여한 모든 이들이 동등하게 분배를 받는 사회였다. 배 안에서도 마지막 결정은 선장이 내리지만, 그 전에 모든 선원들과 함께 회의하는 전통이 있었다. 또 바이킹 사회에는 종교의 힘으로 권력을 휘두르는 일이 거의 없었다. 심지어 어떤 신을 믿다가 자신의 소원이 안 이루어지면 바로 다른 신을 믿었다고 한다.

바이킹이 파리를 침략했을 때의 일이다. 파리 사람들이 항복을 선언하고 바이킹들에게 "누가 당신들의 왕이오? 직접 대화를 하고 싶소!"라고 하니 모든 바이킹들이 웃으며 이렇게 말했다고 한다. "여기 있는 우리들이 모두 왕이다!" 오늘날 덴마크 평등 사회의 명성은 이런 역사의 축적으로 만들어진 것이다.

바이킹이 개척한 길과 항로는 훗날 유럽 경제가 발전하는 데 많은 역할을 했다.

용을 물리치는 중세시대 기사상. 슐레스비히 지역 후줌 교회(Husum Church)

1050~1448

PART 3
신(神)의 시대

중세 덴마크에서 기독교는 절대적 신앙이었다. 이 시기 인간이 하는 모든
생각과 행동은 하나님과 관계된 것이어야 했다. 교회가 절대 권력 기관이
되어가는 동안 중세 덴마크의 왕권은 매우 제한적이었다. 하지만 마르그레
테 여왕 시기 왕권을 강화한 덴마크는 스웨덴, 노르웨이까지 통합한 제 2의
전성기인 칼마르 동맹 시대를 맞이한다.

HISTORY OF DENMARK

08
성인(聖人)이 된 덴마크 왕

스벤 2세의 교회 활용법

유럽의 중세시대는 기원 후 500년대부터 1500년대까지의 기간을 말한다. 중세를 한 단어로 쉽게 표현하면 '기-승-전-신(神)'이다. 그중에서도 기독교의 하나님만이 유일하고 절대적인 신이었다. 따라서 이 시기 인간이 하는 모든 생각과 행동은 하나님과 관계된 것이어야 했다. 그러다 보니 신을 만날 수 있는 교회와 그 수장인 교황은 절대적인 권력을 갖게 되었다.

바이킹의 시대가 끝나고 중세로 접어들면서 덴마크 교회의 힘은 점점 강해졌고 왕은 그런 교회와 반드시 손을 잡아야만 했다. 마지막 바이킹 왕이었던 망누스 1세의 뒤를 이은 이가 스벤 2세(Svend Estridsen, 재위 1047~1074)다. 그 역시 원활한 통치를 위해 덴마크

중세 덴마크 교회는 권력의 중심이었다.
(덴마크 로스킬데 교회)

교회에 많은 힘을 실어주었다. 정치의 힘만으로는 불가능한 통합도 종교를 통해서는 가능하기 때문이다.

이는 한국사에서도 예외가 아니다. 고구려와 백제를 멸망시키고 통일을 이룬 신라의 왕은 통일에 따른 잡음을 최소화하기 위해 노력했다. 하지만 수백 년간 다른 국적, 다른 문화로 살아온 이들의 통합은 쉽지 않았다. 여기서 힘을 발휘한 것이 종교, 즉 불교였다. 신라의 왕들은 통일 이후 전국적으로 종교 시설을 늘리는 데 많은 노력을 기울였다. 석굴암, 불국사, 다보탑 등 오늘날 국보급 불교 문화재들이 이 시기에 만들어졌다. 마치 스벤 2세가 많은 교회를 건립한 것처럼 말이다.

종교와 정치의 공생관계는 오늘날까지 이어지고 있다. 선거 유세 기간에 종교 시설 방문은 기본 코스가 되었을 정도다. 이렇듯 정치와 종교의 관계는 동서고금을 막론하고 변함없이 공고하다.

진보와 보수의 갈등, 하랄 3세

—

바이킹시대가 막을 내린 이후 덴마크의 왕들은 고대의 나쁜 관습을 폐지하고, 새로운 시대에 맞는 제도를 갖춰나가야 했다. 스벤 2세가 죽은 뒤 귀족들의 추대에 의해 왕이 된 하랄 3세(Harald Ⅲ, 재위 1074~1080)는 게르만족의 전통인 '결투 재판'을 무척 부끄러워했다. 결투 재판이란 증거가 불충분한 사건의 당사자들끼리 결투를 해서 이긴 사람이 승소하는 제도이다. 하랄 3세는 이를 없애고 그 집단에서 존경받는 사람이 재판을 하도록 했다. 그러나 이 새로운 제도는 당시 사람들이 받아들이기에는 너무나 진보적이고 개혁적인 것이었다. 그의 노력에도 불구하고 비합리적인 결투 재판은 1600년대까지 이어졌다고 한다.

한국사에도 비슷한 역사가 있다. 그 주인공은 조선 중종 때의 학자 조광조(1482~1519)다. 조선시대에는 아버지가 양반이지만 어머니가 노비인 서얼은 절대 중앙 관직을 맡을 수 없었다. 이로 인해 신분 계급이 붕괴될 수 있기 때문이다. 조광조는 이 제도를 서얼 차별이라며 반대했다. 당시로써는 상당히 파격적인 주장이었다. 실제로 서얼 제도는 1800년대 말에야 폐지가 되었으니 이는 무려 400년이나 앞선 주장이었던 것이다. 당연히 그의 주장은 받아들여지지 않았고, 조광조는 반대파에 의해 모함을 받고 실각했다. 만약 그가 시간이 걸리더라도 자신의 주장에 동의해줄 세력을 모으고 기득권을 설득하며 천천히 개혁을 해나갔다면 조선의 역사는 한 걸음 더 발전했을지도 모른다.

하랄 3세와 조광조의 예처럼 기존의 것을 지키려는 주장(보수)과 이를 폐지하고 좀 더 나은 제도를 만들려는 주장(진보)의 대립은 늘 존재했다. 문제는 이 갈등을 얼마나 잘 해결하느냐에 있다. 급하게 출발하면 넘어질 확률이 높듯 진보의 주장은 부작용을 동반하는 경우가 많다. 바로 이때 보수는 진보에 제동을 걸어 속도를 늦춘다. 그로 인해 부작용을 최소화하면서 역사가 진보하는 것이다.

역사적으로 진보의 주장은 대부분 미래에 보편적 주장으로 바뀐다. 예를 들어보자. 2011년 한국의 진보 세력은 보편적 복지로 초등학교 의무급식(일명 무상급식)을 주장했고, 반면 보수는 선택적 복지를 주장했다. 당시 수많은 논쟁이 있었지만 이 의무급식제도는 이제 대한민국 대부분 도시에서 시행되는 당연한 제도로 자리잡았다. 하지만 당시 보수세력의 반대가 있었기에 진보는 한 번 더 천천히 생각하며 조심스럽게 제도를 실행할 수 있었다. 그래서 어느 사회든 진보와 보수는 반드시 양 날개로 존재해야 한다.

그 대표적인 나라가 미국이다. 미국의 정치 세력은 크게 민주당과 공화당으로 나뉜다. 역대 대통령의 출신을 보면 45대 트럼프(공화당), 44대 오바마(민주당), 43대 부시(공화당), 42대 클린턴(민주당) 등 묘하게 세력의 균형을 유지하고 있다. 반면 대한민국은 어떤가? 광복 이후 70여 년간 집권 세력의 성격을 보면 진보와 보수의 날개는 분명 불균형이다. 견제 세력 없는 장기 집권은 부정부패를 불러오기 마련이다. 불행하게도 우리는 그 후유증을 충분히 경험하고 있다.

성인(聖人)이 된 왕, 크누드 4세

하랄 3세가 죽은 후 그의 동생인 크누드 4세(Knud IV, 재위 1080~1086)가 즉위했다. 크누드 4세는 즉위 후 덴마크 교회의 권위를 드높이기 위해 노력했다. 백성들에게 헌금을 강요하기도 하고 북유럽에서 가장 큰 학교인 '룬드(Lund) 대성당 부속 학교'(지금의 스웨덴 룬드에 위치해 있다)를 세우는가 하면 돈 많은 범죄자들을 풀어주고 그 대가로 받은 토지를 교회 성직자들에게 넘겨주었다. 교회는 크누드 4세를 열렬히 지지했고, 이를 바탕으로 그는 왕권 강화를 위해 귀족에게 집중된 권력을 분산시키려 했다. 그러다 보니 교회를 제외하고 그를 보는 시선이 곱지 않았다. 결국 귀족들의 눈 밖에 난 그는 1086년, 반란군에 의해 죽임을 당하고 말았다.

크누드 4세의 죽음을 가장 슬퍼했던 이들은 당연히 교회 관계자들이었다. 로마 교황청은 교회에 대한 그의 공로를 치켜세우며 1101년, 덴마크의 첫 수호성인으로 그를 추대했다. 수호성인이란 기독교에서 특별히 많은 공헌을 한 사람이 신의 반열, 즉 성인(聖人)으로 추대되는 것을 말한다. 해외여행을 하다 보면 'Saint'로 시작되는 교회들을 찾아볼 수 있는데, 여기서의 'Saint'가 바로 수호성인이란 뜻이다. 이로써 크누드 4세는 덴마크인으로서는 처음으로 성인의 반열에 올랐다.

우리 역사에도 성인(聖人)이 있다. 덴마크의 블루투스 왕이 기독교를 국교로 공인했듯 신라의 법흥왕(재위 514~540)은 불교를 국

성인(聖人)이 된 크누드 4세의 동상(덴마크 오덴세(Odense))

교로 삼았다. 하지만 당시 신라는 토착 종교를 중심으로 한 귀족들의 힘이 매우 강할 때였다. 결코 쉽지 않은 상황 속에서 그는 결국 귀족들과 타협하면서 불교를 공인했고, 이는 중앙집권적 통치체계를 만드는 데 결정적인 원동력이 되었다.

크누드 4세 유골(덴마크 오덴세 성 크누드 교회)

신라 하면 진흥왕, 선덕여왕만 떠올리지만 실제로 강력한 신라의 국력은 법흥왕 때 만들어졌다. 불교계에서 법흥왕을 성인의 반열에 올리는 것은 당연했다. 울산 울주군 천전리 서석(글씨가 새겨져 있는 돌)에는 '성법흥대왕'이란 글자가 새겨져 있다. 여기서 성은 '성스러운 성(聖)', 즉 영어로 'Saint'라는 뜻이다.

의문의 죽음, 올라프 1세

크누드 4세가 반란군에 의해 살해되면서 귀족들은 그의 동생 올라프 1세(Olaf I, 재위 1086~1095)를 국왕으로 추대했다. 그 역시 형인 크누드 4세처럼 귀족들의 권력을 누르고 왕권을 강화하기 위해 노력했으나 어느 날 갑자기 죽고 말았다. 그가 왜 죽었는지, 시신은 어디에 있는지 아는 사람은 아무도 없었다. 올라프 1세는 덴마크 왕들 중 유일하게 무덤을 알 수 없는 왕이 되고 말았다.

노환을 제외한 왕의 죽음에는 늘 독살설이 따라다닌다. 확실한 것은 올라프 1세가 왕보다 더 강한 권력을 쥐고 있었던 귀족들의 힘을 약화시키려 하던 중 죽음을 맞이했다는 것이다. 이런 점에서 왕의 죽음은 정치 상황과 반드시 연관 지어 생각해야 한다.

우리 역사에서도 왕의 독살설은 끊임없이 제기되었다. 그 대표적인 왕이 바로 대한제국의 고종 황제(1852~1919)다. 일본은 대한제국을 식민지로 삼기 위해 엄청난 압박을 했고 그럴 때마다 고종은 독립의 의지를 내세웠다. 그러던 중 갑자기 고종이 승하한다. 여기서 중요한 점은 고종이 어떻게 죽었는가가 아니라 고종이 죽어야 모든 게 풀릴 수 있었던 정치적 상황이다. 고종의 독살설과 비교해보면 올라프 1세의 최후 역시 어느 정도 합리적 의심이 가능하다.

· 역사배틀 ·
중세 덴마크 교회 vs 중세 고려 사찰

● ● ● 중세 이후 덴마크 교회는 무소불위의 권력을 갖게 되었고 귀족들은 성직자와 결탁해 많은 불법을 저질렀다. 결국 참다못한 스코네(지금의 스웨덴 서남부) 농민들은 반란을 일으켰다.

이 같은 종교계의 불법은 비단 덴마크만의 일은 아니었다. 같은 시기 고려의 사찰도 불법의 온상지였다.

무신정권시대 고려의 사찰은 백성을 상대로 고리대업까지 했으니 그 폐해는 상상을 초월했다. 특히 무신정권의 실세였던 최우의 아들 만종과 만전은 출가해서 송광사라는 절의 스님이 되었는데 《고려사》에는 이런 기록이 전해진다. "…최우의 아들 만종과 만전이 쌀 50여 만 석을 쌓아놓고 이자를 매우 혹독히 징수하므로 백성이 세금도 내지 못했다…" 이는 망이 · 망소이의 난(1176~1177) 같은 농민 반란의 원인이 되기도 했다.

덴마크와 고려, 두 나라에서 일어났던 민중들의 난은 결국 실패로 돌아갔지만 종교인이 금전에 관여하면 백성들의 삶이 얼마나 힘들어지는지를 여실히 보여주고 있다.

룬드(Lund)는 스웨덴 스코네 지역의 도시지만 중세 때는 덴마크를 대표하는 도시였다.
중세 덴마크의 대표 교회인 룬드 대성당 앞에는 지금도 양국의 국기가 게양되어 있다.

09

덴마크 내전

내전의 종결자, 발데마르 1세

중세시대에는 귀족의 세력이 강하여 왕의 권한이 매우 제한적이었다. 올라프 1세의 의문의 죽음 이후 에리크 1세(Erik I, 재위 1095~1103)부터 스벤 3세(Svend III, 재위 1146~1157)까지 60여 년 사이에 무려 5명의 왕이 바뀌었다. 심지어 한 나라에 3명의 왕이 존재하기도 했으니 말 그대로 대혼란의 시대였다. 귀족들 간의 권력 투쟁으로 인한 내전은 끊임없이 일어났고 왕들은 쿠데타로 쫓겨나거나 의문의 죽음을 당하기 일쑤였다. 쿠데타로 보좌에 오른 왕들은 "누구 때문에 왕이 되었는데 내 청탁을 안 들어줘!"라는 귀족들의 요구를 쉽게 거절할 수 없었다. 왕은 그들에게 작위를 남발했고 반대로 자신을 대적하는 세력들은 더욱 가혹하게 처벌했다. 물론

덴마크 내전의 종결자 발데마르 1세(덴마크 링스테드(Ringsted) 성 벤트 교회)

이런 정치적 혼란의 가장 큰 피해자는 일반 농민들이었다. 덴마크 내전은 발데마르 1세(Valdemar I, 재위 1146~1182)가 정권을 잡으면서 종결되었다.

이 시기 덴마크는 조선의 중종 시대와 너무나 흡사하다. 연산군이 국고를 탕진하고 온갖 악행을 행하자 반대 세력은 연산군의 배다른 동생을 내세워 쿠데타로 정권을 잡았다. 이를 '중종반정'(1506)이라 한다. 중종은 자신을 왕위에 앉힌 신하들의 눈치를 볼수밖에 없었다. 그는 반정 세력의 요청에 따라 작위를 남발했고 이를 비판하는 소리에 귀를 기울이기보다는 오히려 그들을 더 가혹하게 다스렸다. 그럴수록 사회 혼란은 가중되었고 백성들의 삶은 더욱 힘들어졌다. 연산군 시대 혼돈의 역사를 갈아엎자며 쿠데타를 일으킨 이들은 왕을 앞세워 사리사욕을 채우는 데 눈이 멀었고 결국 중종 시대는 조선 역사상 가장 혼란한 시대 중 하나로 기록되고 말았다.

tip
조국의 아버지, 압살론 주교

●●● 발데마르 1세는 권력을 잡은 후 대부분의 일을 자신의 양형제인 압살론(Absalon, 1128~1201) 주교에게 맡겼다. 압살롬 주교는 어려서부터 발데마르 1세와 함께 자란 인물로 성직자

였지만 정치가이자 군 지휘관이기도 했다. 그는 왕을 도와 정복 사업 등 많은 일을 했는데 특히 덴마크 남부를 위협하는 슬라브족(지금의 러시아, 핀란드인)을 경계하고자 셸란 섬에 요새를 구축했다. 이곳이 지금의 덴마크 수도인 코펜하겐(København)이다.

왕과 함께 많은 업적을 남긴 그를 덴마크인들은 '조국의 아버지'라 부른다. 이 시기 압살론 주교 밑에서 서기로 일을 했던 삭소 그람마티쿠스(Saxo Grammaticus)는 압살론의 권유로 《덴마크의 업적》이라는 역사서를 집필했다. 이 책에는 60명의 전설적인 덴마크 왕들의 이야기가 실려 있는데, 이 중 '암레트(Amleth)의 전설'이란 부분을 훗날 극작가 셰익스피어가 읽고 《햄릿(Hamlet)》을 쓰게 된다.

'조국의 아버지'로 불리는 압살론 주교의 동상(덴마크 코펜하겐)

10
종교의 충돌, 십자군전쟁

종교의 가면을 쓴 탐욕, 십자군전쟁

—

발데마르 1세가 죽은 후 그의 아들인 크누드 6세(Knud VI, 재위 1182~1202)가 왕위에 올랐다. 오랜만에 아버지에게 왕위를 물려받은 왕이 나온 것이다. 그는 아버지의 양형제이자 멘토인 압살론 주교의 도움으로 국내외 위기를 극복하면서 덴마크의 영토를 확장했다. 그 계기는 다름 아닌 종교였다. 크누드 6세가 왕위에 오를 당시 유럽 전역은 기독교와 이슬람교 간의 종교 전쟁, 일명 '십자군전쟁'(1096~1291)이 극에 달해 있었다.

종교 전쟁을 통해 교황은 기독교의 교세를 더 확장하고자 했고, 기독교 국가의 왕들은 더 많은 영토를 얻어 식민지를 확보하려 했다. 십자군에 지원한 기사들 역시 전쟁을 통해 신분 상승과 금전적

이득을 얻고자 했으며, 유럽의 상인들은 이슬람 상인들의 상권을 빼앗으려는 생각으로 십자군 원정에 많은 돈을 기부했다. 이런 모두의 이해관계와 욕망이 모여 종교라는 명목의 전쟁이 되었다. 물론 기독교 국가인 덴마크도 이 골든타임을 놓칠 리 없었다. 크누드 6세는 에스토니아 지역에 이교도들이 있다는 이유로 십자군을 보내 식민지로 삼고자 했다.

지구상의 모든 종교 기관은 오늘도 세계 평화를 위해 열심히 기도한다. 그러나 지금 이 순간에도 지구촌 어디에선가는 종교로 인한 분쟁으로 수많은 사람들이 죽어가고 있다. 역설이란 자체의 주장이나 이론을 스스로 거역하는 논설이다. 종교와 전쟁! 역설도 이런 역설이 없다.

정복왕, 발데마르 2세

크누드 6세가 후사 없이 죽자 덴마크 귀족들은 그의 동생 발데마르 2세(Valdemar Ⅱ, 재위 1202~1241)를 왕으로 추대했다. 그는 즉위하자마자 영토 확장의 여세를 몰아 함부르크를 포함한 독일 북부까지 영토를 확장했다. 1219년에는 형인 크누드 6세가 목표로 삼았던 에스토니아로 향했다. 명목은 기독교 전파였다. 형에 이어 영토 확장을 위해 많은 노력을 기울인 그를 사람들은 '정복왕'이라 불렀다.

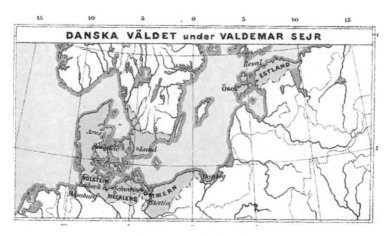

발데마르 2세 당시 덴마크 영토.
지금의 스웨덴 남서부, 독일 북부, 폴란드 북부 그리고 에스토니아까지 모두 덴마크의 영토였다.

발데마르 2세는 덴마크의 외연적 확장과 동시에 내적으로는 사법, 행정 등의 체제 통일을 위해 노력했다. 물론 그 속에는 귀족들의 권한을 줄이고 왕의 권한을 강화하려는 숨은 의도가 있었다. 재위 말년에는 영토가 축소되기도 했으나 발데마르 2세는 명실상부 중세 덴마크의 전성기를 이끈 왕이었다.

세계 최고(最古)의 국기

발데마르 2세와 십자군은 린다니세(Lyndanisse, 지금의 에스토니아 수도 탈린)에서 치열하게 전투를 벌였지만 승패는 점점 기울어 에스토니아에 유리하게 돌아갔다. 그런데 바로 그때 기적이 일어났다. 고전을 면치 못한 이 전투에서 덴마크 대주교가 십자군의 구원을 빌며 하늘에 기도를 올리자 하늘에서 빛과 함께 흰색 십자가가 그려진 붉은 깃발이 내려온 것이다. 이 광경을 본 덴마크 십자군은 힘을 얻었고 결국 대역전에 성공할 수 있었다. 1219년 6월 15일의 일이다.

누가 봐도 전설 같은 이야기지만 덴마크 사람들은 당시 하늘에

덴마크 국기 단네브로의 전설(에스토니아 린다니세 전투)

서 내려왔다는 흰색 십자가의 붉은 깃발을 신성시했고, 이 깃발은 덴마크의 정식 국기가 되었다. 오늘날 덴마크어로 '단네브로(Dan-nebrog)', 즉 '덴마크의 힘'이라 불리는 이 국기는 현존하는 가장 오래된 국기로 알려져 있다. 덴마크와 인접한 북유럽 국가들의 국기에는 모두 십자가가 그려져 있다. 이는 덴마크가 역사적으로 북유럽에 얼마나 많은 영향을 끼쳤는지 말해주는 증거이기도 하다.

• 역사배틀 •
단네브로 vs 태극기

●●● 덴마크를 여행하다 보면 일반 가정집에 국기가 게양된 모습을 흔히 볼 수 있다. 평상시에도 게양을 하지만 특히 집 안에 행사가 있을 경우 덴마크 사람들은 꼭 국기를 게양한다. 또한 국기가 그려진 생일 카드, 포장지, 초 등 다양한 종류의 기념품을 동네 마트에서 쉽게 살 수 있다. 쉽게 말해 생일날 집 앞에 태극기를 게양하고 태극기 무늬의 생일 카드와 태극기 무늬 포장지로 싼 선물을 주고받고, 작은 태극기 장식품이 꽂힌 케이크로 파티를 한다(?)는 것이다. 우리로서는 쉽게 상상이 되지 않는 광경이다.

국기 관련 기념품의 연간 매출이 100억 원이 넘는다고 하니 덴마크 인구가 우리의 10분의 1이라는 점을 감안하면 엄청난 금액이다. 물론 덴마크 국기의 태생 자체가 종교적 의미를 지니고는 있지만 그럼에도 불구하고 덴마크 사람들의 국기 사랑은 유별나다. 왜일까? 그건 아마 스스로 자신들의 역사를 만들고 있다는 강한 자부심이 국기에 담겨 있기 때문일 것이다. 덴마크 국기 단네브로는 '자발적인 애국심'의 상징이다.

우리의 태극기는 어떨까? 덴마크 국기에 신의 은총이 담겨 있다면 태극기에는 평화를 사랑하는 한민족의 철학이 고스란히 담겨 있다. 흰색 바탕엔 세상을 이루는 기운인 음과 양의 조화가 태극 문양으로 나타나고, 이를 중심으로 하늘과 땅, 물과 불 즉 세상의 모든 것이 평등하게 마주보고 있다. 또한 태극기는 담겨 있는 철학만큼이나 디자인적으로도 정말 아름다운 국기다. 얼마 전 한 외국 사이트(ranker. com)에서 선정한 세계에서 가장 아름다운 국기 10위 안에 들기도 했다. 그러나 이런 아름다운 태극기에는 우리 민족의 아픈 역사도 담겨 있다.

일본은 일제 강점기의 식민 교육에 일장기(욱일승천기)를 이용했다. 한국인들은 특정 시간이 되면 누구든 부동자세로 일장기를 향해 경례를 해야 했다. 또 학교에서는 일장기를 보며 일본 제국을 위한 애국심을 주입받았다. 국기는 곧 국가였고, 국민은 국가를 위해 희생될 수도 있다는 국가주의가 세뇌되었다.

비극은 여기서 끝나지 않았다. 광복 후 친일파 청산에 실패한 한국 사회는 일본식 국가주의를 그대로 답습했다. 6시가 되면 모든 국민들은 하던 일을 멈추고 태극기를 향해 경례를 해야 했고, 학교에서는 일제 강점기부터 내려온 '국기에 대한 맹세'를 암기시켰다. "나는

자발적 애국심의 상징이 된 덴마크의 국기 단네브로(Dannebrog)

자랑스러운 태극기 앞에 몸과 마음을 바쳐 충성을 다할 것을…" 태
극기 앞에 몸과 마음을 바쳐야 한다니, 이 얼마나 무서운 세뇌인가!
지금은 사라진 문구지만 아직도 일부 사람들은 태극기를 오직 국가
를 위한 무조건적 충성의 상징으로 생각해 태극기의 의미를 오남용
하는 경우가 있다.

그러나 태극기는 일제 강점기에는 독립의 상징이었고, 한국전쟁에서
는 자유 수호의 상징이었고, 산업화 시절에는 기적의 상징이었고, 군
사 독재 시절에는 이에 대항하는 민주화의 상징이었다. 그리고 지금
은 모든 시련을 극복한 자부심의 상징이 되었다. 일제 강점기 때 어느
누구도 독립운동을 강요하지 않았다. 이름 모를 수많은 사람들의 자
발적 운동이었다. 2002년 한일월드컵에서 4강 신화를 이룰 때 어느
누구도 거리 응원을 강요하지 않았다. 수많은 국민들이 자발적으로
거리에 나섰다. 이것이 애국심이다. 그리고 태극기는 이러한 자발적
애국심의 상징이 되어야 한다.

덴마크판 왕자의 난

발데마르 2세에 이어 왕이 된 이는 에리크 4세(Erik Ⅳ Plovpen-
ning, 재위 1241~1250)이다. 그러나 그의 치세는 오래가지 못했
다. 홀슈타인(지금의 독일 북부) 지역의 백작인 동생 아벨(Abel, 재위
1250~1252)이 형을 죽이고 왕위에 오른 것이다. 덴마크판 왕자의

중세시대 슐레스비히-홀슈타인 지역은 공국으로서의 지위
를 누렸다.

덴마크판 왕자의 난을 일으켰던 아벨

난이었다.

덴마크 남쪽 홀슈타인은 덴마크 왕국의 영향력 아래 있었지만
사실상 작은 공국(백작, 공작 등이 군주 역할을 한 작은 나라) 같은 곳이
었다. 그런데 에리크 4세가 이곳에 대한 영향력을 강화하려 했다.
그러다 보니 동생 아벨 백작과 국왕 에리크 4세의 사이에는 묘한
갈등이 생겼고, 그러던 중 1250년 에리크 4세는 동생인 아벨의 초
대를 받고 가던 중 암살당하고 만다. 아벨은 자신의 결백을 주장했
지만 누가 봐도 배후에는 동생 아벨이 있었다. 그럼 그렇게 왕이 된
동생 아벨은 어떻게 됐을까? 그 역시 2년 후 농민들의 반란을 진압

하다 살해되었다.

한국사를 봐도 형제들이 권력을 잡으려 피 튀기며 싸운 역사가 부지기수다. 그 대표적인 사건이 조선시대 '왕자의 난'이다. 조선을 건국한 이성계의 아들들은 다음 왕위를 놓고 싸우다 다섯째 아들 이방원이 배다른 동생 이방석을 죽이고 권력을 잡는다. 이를 못마땅하게 여긴 형 이방간은 다시 동생 이방원을 죽이려는 시도를 했으나 결국 실패하고 만다.

왕자의 난은 21세기 대한민국에서도 여전히 진행 중이다. 주인공은 한국의 재벌이다. 20여 년 전, 창업주의 은퇴 후 회사는 두 아들에 의한 공동 회장 방식으로 운영되었다. 그러니 두 아들 간의 갈등은 불 보듯 뻔한 일이었다. 칼보다 무섭다는 인사권을 이용해 상대 측근을 좌천시키는 등 갈등은 날로 첨예해졌다. 심지어 나이 들어 거동조차 불편한 회장(창업주)을 기자회견장에 불러내 서로 아버지의 서명을 먼저 받았다며 공식석상에서 언성을 높이기까지 했다. 조선시대로 비유하자면 상왕의 옥새를 서로 받았다고 다툰 것이다. 아버지의 권력을 조금이라도 더 얻기 위해 형제들끼리 티격태격 싸우는 모습은 800년 전 덴마크, 600년 전 조선시대와 놀랄 만큼 비슷하다. 단지 정치권력이 자본권력으로 바뀌었을 뿐이다.

11

무소불위 덴마크 교회

크리스토페르 1세의 종교인 과세

아벨의 죽음으로 왕위는 동생 크리스토페르 1세(Christoffer I, 재위 1252~1259)에게 넘어갔다. 그의 재위 기간은 반대 세력과의 투쟁의 연속이었다. 그는 특히 막강해진 교회에 대해 세금을 부과하려 노력했다. 그러나 교회는 종교 탄압이라며 납세를 거절했고 심지어 주교가 자신의 교회에 속한 농민들에게 국왕에 대한 봉사를 하지 말라며 금지령을 내리는 일까지 발생했다. 그리고 얼마 후 왕은 교회 행사 중 독이 든 포도주를 마시고 생을 마감한다. 중세 덴마크 교회가 가진 힘을 보여주는 예화가 아닐 수 없다.

중세 덴마크 주교의 제의(미사 지낼 때 입는 예복)

참새와 허수아비! 귀족의 나라 덴마크

여전히 중세 덴마크는 교회와 귀족들의 나라였다. 크리스토페르 1세 이후 발데마르 3세(Valdemar III, 재위 1326~1330)에 이르기까지 덴마크의 왕들은 허수아비였고 주변에는 온통 허수아비를 두려워 하지 않는 참새들만 가득했다. 왕은 귀족들의 동의 없이는 어떠한 결정도 할 수 없었고, 귀족들은 전쟁 시 군역 면제는 물론이고 혹시 나 자신들이 전쟁 포로가 될 경우 왕이 1년 이내에 배상금을 지불 하도록 강제했다. 심지어 발데마르 3세의 사후에는 선왕이었던 크리스토페르 2세(Christoffer II, 재위 1320~1326, 1330~1332)가 재집권하게 되는데, 이후에는 그나마 있던 허수아비 왕조차 없이 8년간의 무정부 상태를 보내게 된다.

　귀족 천국 덴마크의 역사를 보고 있자니 조선 왕조 말기의 모습이 겹친다. 순조, 헌종, 철종의 치세였던 60년(1800~1863) 동안 왕실 친척들은 중세 덴마크 귀족 이상의 권력을 가졌다. 순조가 12살에 즉위하자 그의 장인 김조순을 중심으로 안동 김씨들은 온갖 부정부패를 저질렀고, 그다음 헌종이 8살의 나이로 왕이 되자 이번에

에리크 5세(Erik V, 재위 1259~1286)를 살해하고 돌아가는 정적들.
왕권이 매우 약했던 중세 덴마크는 사실상 귀족의 나라였다.

는 외할아버지 조만영을 중심으로 풍양 조씨들이 권력을 차지했다. 헌종이 자식 없이 죽자 그들은 강화도에서 평범하게 살던 헌종의 먼 친척 이원범(철종)을 왕위에 앉히고 또다시 권력을 휘둘렀다.

　귀족으로서 왕을 보필하고 백성을 보호해야 할 그들은 오히려 백성들을 괴롭히면서 자신들의 잇속만 챙기기에 바빴다. 왕은 있었지만 허수아비였고 외척 세력들이 권력을 남용한 조선 후기 60년은 사실상 무정부 상태와도 같았다. 전국에서 민란이 일어났고 결국 조선은 일본에게 나라를 빼앗기는 비극을 맞이했다.

• 역사배틀 •
덴마크 에리크 6세 vs 백제 개로왕

　●●● 덴마크 역사에서 에리크 6세(Eric VI Menved, 재위 1286~1319)는 무능한 왕으로 남아 있다. 그러나 정말 그가 무능하기만 했을까? 왕위에 오른 초기에 그는 나름대로 개혁을 시도하려 노력했다. 그러나 정치는 혼자 하는 것이 아니다. 주변을 설득하고 자신의 편으로 만들면서 자신이 원하는 정책을 추진해야 하는 것이다. 개혁 시도가 계속 난관에 부딪히자 그는 결국 왕으로써의 본분을 잃어버리고 만다. 어느 시대건 정치인(귀족)들은 실패한 정책의 책임은 왕에게 돌리고 성공한 정책은 자신의 업적으로 자랑한다. 그래서 무능한 왕이나 폭군들의 기록은 더욱 가혹한 것이다. 결국 실

정의 모든 책임은 왕인 에리크 6세의 몫이었다.

《삼국사기》에도 에리크 6세와 비슷한 왕의 기록이 있다. 기록 속의 백제 개로왕(재위 455~475)은 사치와 낭비를 일삼는 폭군이었다. 이야기는 다음과 같다.

당시 고구려의 스파이로 활동했던 도림은 궁궐이 초라하다며 개로왕의 자존심을 건드렸고, 결국 그는 많은 세금을 들여 궁궐을 다시 지었다. 하지만 무리한 공사에 나라 살림이 고갈되고 민심이 흉흉해지자 이 틈을 노린 고구려의 장수왕이 백제를 공격해 개로왕을 죽였다는 것이다.

정말 개로왕은 무능하고 사치스러운 왕이었을까? 다른 기록을 보면 개로왕은 중국, 일본과의 외교는 물론 한반도 내 신라와의 동맹을 통해 강력한 왕권을 행사한 왕으로도 알려져 있다. 그가 진짜 사치를 일삼아 백제가 패배했는지, 아니면 다른 원인이 있었는지는 정확하지 않다. 그러나 확실한 것은 패배에 대해 왕을 제외한 어떤 귀족들도 책임을 지지 않았다는 것이다. 모든 잘못은 그저 왕의 몫이었다.

정치는 책임이다. 자신의 언행에 책임지지 않으려는 자는 정치인이 될 자격이 없다. 2017년, 전직 대통령이 탄핵되고 법원에서 중형을 선고받았지만 정작 그를 대통령으로 만들고 함께 나라를 운영했던 국회의원들은 어떠한 책임도 지지 않고 모두 빠져나갔다. 심지어 어떤 이들은 자신들이 모셨던 대통령을 앞장서서 비판하면서 스스로에게 셀프 면죄부를 주었다. 대한민국 일부 국회의원들은 역사의 무서움을 모르는 듯하다.

12
재건을 향한 노력

미완의 재건왕, 발데마르 4세

———

크리스토페르 2세가 사망한 1332년 이후 8년간 덴마크는 공식적으로 왕이 없는 나라였다. 귀족들은 허수아비 왕 크리스토페르 2세의 아들 발데마르 4세(Valdemar IV, 재위 1340~1375)를 새로운 왕으로 추대했다. 하지만 발데마르 4세는 아버지와는 달랐다. 조용하게, 그러면서도 치밀하게 왕권을 강화해나갔다.

발데마르 4세에게 가장 중요한 것은 돈이었다. 덴마크 왕실은 수십 년간 귀족들에게 빌린 돈을 갚지 못해서 왕실 소유의 땅과 재산이 거의 모두 저당잡힌 상태였기 때문이다. 로얄 패밀리인 왕실이 빚더미에 앉아버렸으니 그는 그야말로 로얄 채무자가 된 것이다. 발데마르 4세는 무역의 요충지를 확보해 세금을 거두었고 십자군

전쟁 때 점령한 에스토니아를 팔아서 차근차근 왕실의 빚을 갚아나갔다.

발데마르 4세

또한 여세를 몰아 1361년에는 고틀란드(Gotland) 섬의 도시인 비스비(Visby, 지금의 스웨덴)까지 세력을 확장했다. 발트해에 위치한 고틀란드 섬은 무역의 요충지로 스웨덴 영토였지만 사실상 독일상인연합(한자동맹)의 관리하에 있는 섬이었다. 그런데 발데마르 4세가 이 섬을 정복한 것이다. 이는 한자동맹을 자극시켰고 그 뒤에도 갈등은 계속 이어지게 되었다. 게다가 덴마크 내 귀족들의 반란까지 겹치며 발데마르 4세는 덴마크의 재건을 보지 못한 채 생을 마감하고 만다.

tip
한자동맹

●●● '한자'는 독일어로 'Hanse(무리, 친구)'라는 뜻이다. 독일 '루프트-한자(Luft-hansa) 항공사'의 '한자(hansa)'와 같다.

덴마크와 스웨덴은 발트해의 무역 요충지였던 고틀란드(지금의 스웨덴)를 사이에 두고 치열
한 전투를 벌였다. 사진은 당시 전투 장소였던 고틀란드 섬 비스비(visby) 지역에서 발굴된
유골과 유물(스웨덴 역사 박물관).

발트해 무역의 주요 거점인
보른홀름 섬(지금의 덴마크)과 고틀란드 섬(지금의 스웨덴)

한자동맹은 독일 북부 뤼베크(Lübeck) 지역을 중심으로 활동하는 상인들의 연합체였다. 우리나라로 비유하면 전국경제인연합회와 비슷한 곳이다. 이들은 무역을 위한 통역관 양성은 물론 해적으로부터의 방어를 위한 자체 군대를 조직하는 등 조직적으로 활동한 대규모의 상인 집단이었다. 바로 이 한자동맹의 주요 거점지 중 하나가 발트해 중심에 있는 스웨덴의 고틀란드 섬이었다.

· 역사배틀 ·
유럽의 한자동맹 vs 조선의 시전상인 vs 대한민국의 대기업

●●● 독일의 뤼베크, 노르웨이의 베르겐, 영국의 런던

등은 당시 한자동맹의 중심 도시였다. 한자동맹은 큰 거래를 위해서 지역 정치인들과 손을 잡았고, 지역 종교인들과도 친하게 지냈다. 이런 '정치경제유착'과 '교회경제유착'으로 세력을 확장한 그들은 거대해진 권력을 이용해 무역을 독점하면서 수백 년간 엄청난 부를 축적했다.

독일에 한자동맹이 있었다면 조선에는 시전상인들이 있었다. 조선 조정은 법적으로 특정 상인들에게만 장사할 권리를 줬다. 그러니 뇌물이 오갈 수밖에 없었다(정경유착). 시전상인들의 권력은 점점 커지고 결국 모든 것을 독점하기에 이른다. 돈이 없는 소상인들은 그들의 눈치를 보며 몰래 장사를 해야 했다. 이를 난전이라고 하는데, 문제는 조선 조정이 시전상인들에게 난전을 규제할 권리를 준 것이다. 이를 난전을 금하는 권리, 즉 '금난전권'이라 한다. 비유하자면 정부가 대형마트 사장에게 지역 시장 상인들을 규제하는 권리를 주는 것과 같은 것이다. 정치권력과 자본권력의 유착은 조선시대 소상인들과 일반 백성들에게 많은 피해를 입혔다.

불행히도 이 정경유착의 역사는 오늘날까지 이어지고 있다. 그 지역 정치인들의 가장 중요한 역할은 지역 상권을 지키는 것이어야 한다. 그러나 한국은 그렇지 못한 경우가 많다. 예를 들어 수십 년 전통의 재래시장 옆에 대기업이 대형마트를 건립할 계획을 세운다고 해보자. 건립 허가를 받기 위해 대기업은 지역 정치인을 만나 대형마트로 지역 상권이 발전할 것이고 많은 일자리가 생길 것이라며 로비를 한다. 이후 지역 상인들의 저항에도 불구하고 대형마트가 세워진다. 그

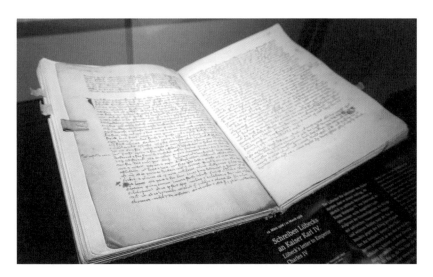

독일 뤼베크 의회가 신성로마제국의 황제 카를 4세에게 보낸 편지.
편지에는 덴마크 국왕인 발데마르 4세에 대한 적대감으로
동맹(지금의 독일, 폴란드 등)을 결성한다는 내용이 적혀 있다. (독일 뤼베크 한자동맹 박물관)

리고 다양한 편의시설, 파격 할인 등을 광고하며 소비자들을 유혹한
다. 대형마트로 인해 주변의 땅값이 뛰면서 주변 건물주들은 너도 나
도 임대료를 올린다. 재래시장 소상인들은 대형마트로 인한 매출의
급감과 임대료 상승으로 이중고를 겪는다. 결국 그들은 평생 해왔던
장사를 포기하고 만다. 물론 대형마트의 수익 대부분은 지역이 아닌
본사로 돌아간다. 그러고 보니 600여 년 전 덴마크 소상공인들의 고
통이 남의 이야기가 아니었다. 바로 21세기 대한민국의 현실이다.

13

유럽을 호령한 칼마르 동맹의 흥망

북유럽의 여왕 마르그레테 1세와 칼마르 동맹

발데마르 4세는 대외적인 확장을 위해 스웨덴과 결혼 동맹을 맺어 딸인 마르그레테(Margrete I, 재위 1387~1397)를 스웨덴 왕의 아들 호콘 6세(Haakon VI, 1340~1380)에게 시집보냈다. 당시 호콘 6세는 사실상 노르웨이를 통치하고 있었다. 발데마르 4세의 뒤를 이어 덴마크 왕이 된 외손자 올라프 2세(Olaf II, 재위 1375~1387)는 친할아버지는 스웨덴 왕, 아버지는 노르웨이 왕, 자신은 덴마크 왕이 된 진정한 로얄 패밀리였다. 게다가 아버지 호콘 6세가 죽은 후에는 덴마크와 노르웨이를 연합하여 통치하게 되었다. 하지만 올라프 2세가 어렸기 때문에 사실상 모든 권력은 어머니인 마르그레테에게 있었다. 그러던 중 올라프 2세가 갑자기 죽자 정치적 야

칼마르 동맹을 맺은 스웨덴 칼마르(Kalmar) 성

욕이 강했던 마르그레테는 재빨리 언니의 손자를 자신의 양자로 받아들이고 왕으로 만들었다. 그가 바로 에리크 7세(Erik VII, 재위 1397~1439)다.

이모할머니 잘 만나 하루아침에 왕이 된 에리크 7세는 말 그대로 허수아비였을 뿐 모든 것은 마르그레테에 의해 결정되었다. 그녀의 목표는 스웨덴이었다. 이미 노르웨이가 덴마크의 영향력 아래 있었기 때문에 스웨덴만 정복하면 사실상 북유럽은 그녀의 손아귀에 들어오는 것이었다. 그녀는 집요하게 스웨덴 귀족들을 설득해 자신의 편으로 만들었고 결국 1389년, 스웨덴 왕을 폐위시키고 만다. 이로써 마르그레테는 노르웨이, 스웨덴은 물론 노르웨이가 관

마르그레테 여왕의 의복(스웨덴 역사 박물관)

리했던 페로 제도, 아이슬란드, 그린란드까지 북유럽 대부분의 지배권을 갖게 되었다. 그리고 1397년, 세 나라를 하나의 연합체로 만드는 '칼마르 동맹(Kalmar Union, 1397~1523)'을 맺었다.

칼마르 동맹이 가능했던 이유 중 하나는 거대해지는 한자동맹의 횡포 때문이었다. 마음대로 물건 값을 정하는 것은 기본이고 지역 상인들이 장사를 못 하게 방해하는 등 그들의 독점과 횡포는 날이 갈수록 심해졌다. 그들의 세력 확장을 저지하기 위해 덴마크, 노르웨이, 스웨덴의 3국 동맹이 필요했던 것이다.

• 역사배틀 •
덴마크의 마르그레테 여왕 vs 신라의 선덕여왕

●●● 칼마르 동맹 이후 마르그레테의 가장 큰 목표는 왕실의 힘을 기르는 것이었다. 우선 중앙집권을 위해 귀족들의 반대에도 불구하고 국무회의의 권한을 제한했고 왕실이 직접 임명한 관리를 곳곳에 두어 왕실 중심의 시스템을 만드는 데 성공했다.

이를 바탕으로 세금을 내지 않던 교회의 재산과 토지를 몰수하는 정책을 펼쳤다. 교회의 반발이 만만치 않았지만 교황청을 설득하면서 덴마크 교회 내 자신의 영향력을 강화시켜나갔다.

그녀의 발 빠른 대외 정책은 한자동맹의 팽창을 어느 정도 막아냈고 그로 인해 북유럽은 역사상 가장 평화로운 시대를 맞이했다. 그래서

시대적 편견을 극복한 마르그레테 여왕의 석관(덴마크 로스킬데 교회)

대부분의 북유럽 사람들은 그녀를 역사상 가장 뛰어난 지도자로 칭송한다. 그녀의 활약이 더 주목받는 이유는 여성의 권리를 제대로 인정받지 못했던 600여 년 전의 일이었다는 점이다. 아마도 그녀가 진짜 싸워야 했을 상대는 자신을 바라보는 시대적 편견이었을지도 모른다.

우리나라에도 위대한 여왕의 역사가 있었다. 신라 24대 임금인 선덕여왕(?~647), 그녀가 즉위한 해가 632년이니 지금으로부터 거의 1,400여 년 전이다. 그녀의 아버지 진평왕은 아들이 없었기에 딸에게 왕위를 물려주려 했다. 물론 많은 신하들이 반대했다. 그럼에도 불구하고 왕이 된 그녀의 첫 번째 목표는 민심을 얻는 일이었다. 민심은 지도자에게 제일 강한 아군이기 때문이다.

그녀는 즉위 초부터 혼자 살아갈 수 없는 저소득층을 위로하고 구제했다. 그리고 불교를 통해 국론 통합과 중앙집권을 이루어냈다. 이를 바탕으로 김춘추, 김유신 같은 인물을 적절한 곳에 배치함으로써 훗날 신라가 삼국을 통일하는 초석을 만들었다. 하지만 무엇보다도 그녀는 여성이라는 사회적 편견과 한계를 자신의 능력으로 극복했다. 이는 분명 덴마크의 마르그레테 여왕과 견줄 만하다.

분열의 시작, 크리스토페르 3세

마르그레테의 양아들 에리크 7세 이후 그의 조카인 크리스토페르 3세(Christoffer III, 재위 1440~1448)가 북유럽 3국의 왕위에 올랐다. 그는 수도를 로스킬데에서 코펜하겐으로 옮기고 평화를 위해 노력했지만 현실은 냉혹했다. 크리스토페르 3세는 한자동맹의 계속된 압력에 굴복해 그들에게 상업 특권을 허락하고 만다. 칼마르동맹의 가장 큰 구심점이었던 한자동맹으로부터의 방어라는 명분이 사라지자 구국의 동맹에는 조금씩 균열이 생기기 시작했다.

덴마크 르네상스 시대를 대표하는 건축물 크론보르 성(1585년 완공)

1448~1648

PART 4
종교개혁과 르네상스 시대

중세시대 기독교의 권력화는 여러 가지 문제를 낳았다. 그 결과 마르틴 루터에 의한 종교개혁이 일어났으며, 루터교는 덴마크의 국교가 되었다. 종교개혁 이후 사람들은 신과 종교에 한정되는 주제가 아닌 폭넓은 시선으로 세상을 바라보기 시작했고, 과학의 발전과 맞물려 사회 전반적으로 많은 변화가 이루어졌다. 이를 르네상스 시대라 한다.

HISTORY OF DENMARK

14
종교의 개혁

변화의 시작! 한스

크리스토페르 3세 이후 왕위는 크리스티안 1세(Christian I, 재위 1448~1481)를 거쳐 그의 아들 한스(Hans, 재위 1481~1513)에게로 넘어갔다. 그는 기존의 왕이 감히 손대지 못했던 신분제를 변화시키려 했다. 평민들을 관리로 채용해 귀족 세력을 견제하려 했던 것이다. 귀족들이 왕위마저 좌지우지하는 시대에 평민을 관리로 임명한다는 것은 파격적인 개혁이자 용감한 시도였다. 비록 귀족들의 강한 반발로 당시에는 큰 효과를 보지 못했지만 그의 시도는 300년 후 대의민주주의 국가 덴마크를 만드는 초석이 되었다. 지금도 성 크누드 교회(덴마크 오덴세)에 가면 그의 모습이 묘사된 제단을 볼 수 있다.

성 크누드 교회 제단. 아래 원 안의 인물이 국왕 한스다.

변화를 시도한 덴마크 왕 한스의 이야기를 듣고 있으면 조선의
정조가 떠오른다. 정조 역시 상업을 진흥시켜 양반들과 일부 상인
들에게 편중되어 있던 부를 분배하려 했고 서얼들을 중앙 관리로
등용했다(서얼허통). 이를 통해 유득공, 이덕무, 박제가 등 당대 최고
의 학자들이 발탁되었고, 이들의 제자와 후손들은 조선 말 개혁 개
방에 많은 영향을 주었다. 한국의 근대화는 결국 서얼허통 제도 같
은 수많은 개혁들이 모여 이루어진 역사의 결과물이었던 것이다.

tip
덴마크를 바꾼 루터의 종교개혁

●●● 십자군전쟁에서 패한 기독교는 이후 민심을 잃으면서 점점 더 정치화, 세속화되었다. 통치자들은 정적을 제거할 때 기독교를 이용했으며 교회 주교들은 정치적 보호 아래 권력을 행사했다. 교회는 헌금을 받고 천국의 입장권을 팔아 으리으리한 건물을

비텐베르크 성당 문에 반박문을 붙이고 있는 마르틴 루터

지었다.

바로 이즈음 독일의 한 젊은 신학 교수가 나서서 문제를 제기했다. 마르틴 루터(Martin Luther, 1483~1546)는 1517년, 기독교의 잘못을 하나하나 정리한 95개조의 반박문을 독일 비텐베르크 성당 문에 붙였다. 교회는 발칵 뒤집혔고, 루터의 반박문은 순식간에 전 유럽으로 퍼져나갔다.

그의 요지는 그저 성경의 말씀대로 행하자는 것이었다. 이를 '복음주의'라고 한다. 복음주의의 인기는 날로 높아졌고 결국 교회는 기존의 기독교(로마 가톨릭)와 새로 분파한 기독교(개신교)로 나뉘게 되

돈을 받고 구원을 파는 부패한 기독교를 풍자하는 그림
(독일 비텐베르크 루터 박물관)

었다. 이 사건을 '종교개혁'이라 부른다. 시간이 지나면서 개신교는 루터교, 성공회 등 여러 종파로 나뉘어졌다. 이 중 덴마크는 루터교를 국교로 받아들였다.

개혁의 시작, 크리스티안 2세

크리스티안 2세(Christian II, 재위 1513~1523)는 한스의 아들이다. 그가 왕이 되었을 때 스웨덴의 귀족들은 덴마크로부터 독립을 하자는 반덴마크 세력과 그대로 유지하자는 친덴마크 세력으로 나뉘어져 있었다. 이런 갈등 속에 1520년, 덴마크 군대가 스톡홀름에서 스웨덴 귀족들을 학살하는 일명 '스톡홀름 피바다 사건(스톡홀름 대학살, Stockholm Bloodbath)'을 일으킨다. 당시 80명이 넘는 스웨덴 귀족들이 이단으로 몰려 처형당했다고 하니 덴마크에 대한 스웨덴 사람들의 적대감이 어떠했을지는 불을 보듯 뻔하다. 이 스톡홀름 피바다 사건 이후 응집한 스웨덴 사람들은 결국 덴마크로부터 독립을 쟁취했다.

비록 스웨덴과의 관계는 삐꺽했지만 국왕 크리스티안 2세는 덴마크 사회의 개혁을 위해 많은 노력을 한 왕이었다. 그는 당대 최고의 인문학자인 에라스무스(Erasmus, 1469~1536)를 만나 신성로마제국(독일)에서 일어나고 있는 종교개혁에 대해 논의했고, 에라스무스의 고국인 네덜란드의 성문법을 접하며 좀 더 진보적인 덴마크

스톡홀름 대성당 안의 기사상.
기사는 스웨덴을, 죽어가는 용은 덴마크를 상징하며 양국 간의 골 깊은 역사를 보여준다.

사회를 꿈꾸기 시작했다. 그는 평민 출신 성직자들을 우대했고, 영세 상인들을 위한 제도를 만드는 등 친서민 정책을 펼쳤다. 반면 귀족과 교회 권력에 대해서는 많은 제한을 가했다. 이에 불만이 쌓일 대로 쌓인 귀족들은 결국 그를 쫓아냈다. 당시 많은 농민들과 상인들이 그의 퇴위를 반대하며 시위했지만 크리스티안 2세는 결국 칼룬보르(Kalundborg) 성에 감금되어 생을 마감했다.

칼룬보르 성에 갇힌 크리스티안 2세.
그의 복위를 원했던 민중들의 바람은 끝내 이루어지지 못했다.

타협의 리더십, 프레데리크 1세

—

크리스티안 2세를 쫓아낸 귀족들은 그의 삼촌인 프레데리크 1세(Frederick I, 재위 1523~1534)를 왕으로 추대했다. 프레데리크 1세의 가장 큰 업적은 로마 가톨릭 국가였던 덴마크에 신흥 루터교가 전파되는 데 중요한 역할을 한 것이다.

프레데리크 1세는 루터교 목사인 한스 타우젠(Hans Tausen, 1494~1561)을 도와 덴마크 내 종교개혁을 직간접적으로 지원했고 로마 가톨릭교도와 개신교도가 같이 교회에 다닐 수 있게 했다. 로마 가톨릭의 반대에도 불구하고 신앙의 자유를 인정한 것이다. 이제 덴마크 사람들은 본인이 원하는 방식으로 종교 활동을 할 수 있게 되었다. 그동안 교회의 횡포에 시달렸던 농민들은 그의 조치를 환영했다.

또한 그는 민심을 잘 읽고 적절히 대응하며 자신의 재위 기간 동안 신교와 구교 간의 종교 전쟁이 발생하지 않도록 노력했다. 정치란 결국 주장이 다른 집단과의 조율 과정이다. 그래서 양쪽의 양보를 이끌어내 협의를 도와주는 이들을 사람들은 훌륭한 정치인이라 칭송한다. 이런 점에서 프레데리크 1세의 정치력은 후대에 좋은 귀감이 된다.

얼마 전 우리나라에서는 한 정치인이 "야당의 힘은 한 놈만 패는 것이다!"라며 자신들의 행동을 자랑스럽게 이야기하는 모습이 화제가 되었다. 귀가 의심될 정도였다. 그의 말처럼 우리 정치인들은 일단 상대당의 주장에 트집을 잡고, 자극적인 단어를 사용하며 서로를 원색적으로 비난한다. 문제는 그것이 자신의 지지자들을 향한 정치적 행위이자 강한 리더십이라고 착각한다는 데 있다. 우리에게도 프레데리크 1세처럼 대화와 타협을 중시하며 민심을 읽는 지도자가 필요하다. 진심으로 말이다.

한스 타우젠 목사는 덴마크 내 종교개혁과 루터교 전파에
많은 역할을 했다. (덴마크 리베 성당)

덴마크, 루터교를 국교로 삼다

―

크리스티안 3세(Christian III, 재위 1534~1559)는 프레데리크 1세의 아들로 아버지의 뒤를 이어 왕으로 즉위했다. 하지만 그가 왕이 되는 과정은 매끄럽지 않았다. 여전히 로마 가톨릭의 힘이 남아 있었던 중앙 정치판에서 루터교를 옹호했던 왕과 귀족들은 불편한 존재였기 때문이다.

계속된 종교 갈등은 결국 종교 전쟁(백작전쟁, Count's War)으로 악화되고 말았다. 1534년부터 1536년까지 2년간 진행된 백작전쟁은 로마 가톨릭파와 귀족들이 루터교도인 왕이 이끄는 군대에 항복함으로써 끝이 났다. 이 전쟁으로 덴마크 내 로마 가톨릭 세력은 크게 위축되었고 왕권은 더욱 강화되었다.

덴마크의 백작전쟁처럼 당시 유럽 전역에서는 구교와 신교 간의 크고 작은 충돌이 잇따라 일어났다. 마침내 1555년, 독일 아우크스부르크에서는 통치자의 종교에 따라 국교가 정해진다는 합의가 이루어졌다. 이는 로마 가톨릭이 종교개혁을 인정하는 중대한 결정이었으며, 이로 인해 덴마크 역시 왕의 종교인 루터교가 국교로 채택될 수 있었다.

무엇보다 루터의 사상은 기독교가 민중들의 삶으로 들어오는 계기가 되었다. 그의 종교개혁안에는 '가난한 사람들을 돕고 필요한 이에게 꾸어주는 것이 면죄부 구매보다 더 선한 일이라는 것을 가르쳐야 한다'라는 조항(43조)이 있다. 그는 심지어 도움을 청하지

크리스티안 3세의 성경책. 종교개혁 이후 번역된 덴마크의 첫 성경책이다.

않는 어려운 사람들을 도와주지 않는 것, 또 부자가 가난한 사람을 도와주지 않는 것을 도둑질이라 생각했다. 서로 도와야 같이 잘 살 수 있다는 보편적 사회 복지의 개념을 주장한 것이다. 이러한 루터 정신은 500년 이상 지속되면서 덴마크 사회에 영향을 미쳤고, 오늘 날 덴마크가 보편적 복지와 평등 사회를 이루는 원동력이 되었다.

15

르네상스를 맞이하다

사람이 먼저다! 프레데리크 2세

크리스티안 3세가 죽으면서 왕위는 그의 아들 프레데리크 2세 (Frederick II, 재위 1559~1588)에게 넘어갔다. 종교개혁 이후 유럽의 분위기는 빠르게 바뀌었다. 특히 인쇄술의 발달로 신과 교황을 풍자하는 문학 작품들이 유행하기 시작했다. 세르반테스의 《돈키호테》, 에라스무스의 《우신예찬》 등이 모두 이때 나온 작품들이다. 이제 사람들은 신과 종교에 한정되지 않고 폭넓은 시선으로 세상을 바라보기 시작했다.

미켈란젤로, 레오나르도 다빈치 같은 당대 예술가들은 신이 아닌 인간이 주인공인 예술 작품들을 만들어냈다. '과거 그리스 로마 시대의 영광을 되찾자!'라는 이러한 사회적 분위기를 부활, 재생이

르네상스 군주 프레데리크 2세

라는 뜻의 '르네상스'라고 불렀다. 그리고 이 시기에 덴마크의 왕이
된 사람이 바로 프레데리크 2세다.

프레데리크 2세가 가장 신경 썼던 것은 발트해의 재해권을 지키
기 위한 해군의 양성이었다. 콜럼버스의 신대륙 발견 이후 해양 무

외레순 해협은 북해와 발트해를 가장 빠르게 연결시켜주는 해협이다.

덴마크 헬싱괴르(Helsingør)에 위치한 크론보르(Kronborg) 성

역이 급격히 발달하면서 상선이 다니는 주요 해협은 경제적으로 많은 이득을 가져다주었다. 프레데리크 2세는 크론보르 성을 세워 외레순(øresund) 해협을 통과하는 무역선들로부터 세금을 거두었고 이를 경제, 과학, 예술 분야 등에 투자했다. 크론보르 성의 덕을 톡톡히 본 것이다.

덴마크 사람들은 여전히 이 오래된 성의 덕을 보고 있다. 500년 전에는 통행료로 국고를 채웠다면, 현재는 건물 자체로 막대한 관광 수입을 올리고 있으니 말이다. 세익스피어의 《햄릿》의 무대로 세계적인 명성을 얻은 크론보르 성은 2000년에 유네스코 세계문화유산으로 지정되었다.

· 역사배틀 ·
덴마크의 티코 브라헤 vs 조선의 서호수

●●● 르네상스 시대를 과학의 시대라고 부를 만큼 이 시기에는 과학 분야에서 많은 발전이 있었다. 특히 르네상스 군주들은 과학자들에게 후원을 아끼지 않았다. 프레데리크 2세 역시 덴마크 출신의 세계적인 천문학자 티코 브라헤(Tycho Brahe, 1546~1601)에게 많은 관심을 보였다. 티코 브라헤는 1572년, 카시오페이아 자리에서 초신성을 발견하는 등 오늘날 과학 혁명에 큰 기여를 한 과학자다.

근대 천문학을 개척한 티코 브라헤 동상(코펜하겐 자연과학대)

덴마크의 르네상스 군주가 프레데리크 2세라면 조선의 르네상스 군
주는 단연 정조다. 조선의 전성기는 1400년대인 세종부터 성종까지
의 시대였다. 그 뒤 임진왜란, 병자호란의 전란을 겪으면서 국력이
쇠락했다. 그러다 1700년대 영조와 정조에 이르러 체제가 다시 정
비되고 사회가 안정되면서 과학, 문화, 예술 등 각 분야에서 눈부신

발전을 보였다. 그래서 영·정조 시대는 '조선의 르네상스'라는 별칭이 붙는다. 특히 이 시기 과학, 그중에서도 천문학 분야는 독보적으로 발전했다.

조선 전기인 세종 때가 중국의 영향을 벗어나 자주적인 과학 기술을 완성하기 위한 총력전이었다면, 정조 때에는 중국에 들어온 서양 과학을 적극 수용해 우리의 표준을 만드는 과정이었다. 그리고 그 총책임을 맡은 천문학자가 바로 서호수(1736~1799)다. 장영실, 정약용처럼 우리에게 익숙한 학자는 아니지만 그는 정조가 가장 신뢰했던 천문학자로 수천 년간 세상의 중심이라 여겨졌던 중국에서 벗어나 서양 과학을 인정하고 수용하려 노력했다.

애증의 왕, 크리스티안 4세

—

프레데리크 2세의 아들로 왕위를 이은 이가 크리스티안 4세(Christian IV, 재위 1588~1648)다. 그는 아버지의 안정적인 국가 운영 덕에 별다른 부담 없이 정책을 펼칠 수 있었다. 그가 왕위에 오를 당시 유럽은 르네상스 운동의 전성기였다. 르네상스 운동은 상업의 발달을 초래했다. 신과 교회에 얽매였던 시선이 인간 본연에게로 향하니 자연스럽게 먹고사는 일에 관심이 많아질 수밖에 없었다.

게다가 조선술과 항해술의 발달로 무역이 활발해지면서 나라 간에 경쟁이 붙기 시작했다. 어떻게 해서든 물건을 싸게 만들어야 이

전쟁 중 한쪽 눈을 잃은 크리스티안 4세를 묘사한 벽화와 그의 관(덴마크 로스킬데 교회)

익을 높일 수 있었기에 각국은 저렴한 인건비와 값싼 원료를 충당하고, 생산된 물건을 판매할 수 있는 식민지가 필요했다. 노예 무역으로 악명 높았던 유럽의 식민지 확보 전쟁은 이렇게 시작되었다. 아프리카, 인도, 중남미 대륙은 유럽인들에 의해 초토화되었고, 덴마크 역시 이 잔인한 노예 무역에 동참했다.

또한 물건을 수입한 만큼 팔지 못하면 손해를 입기 때문에 각국은 자국의 이득을 위해 수입품에 많은 세금을 붙였다. 이렇듯 국가의 부를 증대시키기 위해 국가가 의도적으로 세금을 부과하거나 제재하는 정책을 취하는 것을 '중상주의'라고 한다. 국왕인 크리스티안 4세는 효과적인 중상주의 정책을 통해 덴마크에 많은 부를 안겨주었다.

그뿐만이 아니다. 르네상스 시대 군주로서 그는 덴마크의 문화 예술을 크게 발전시켰다. 특히 건축에 대한 욕심이 있어 아름다운 건축물을 많이 남겼는데, 지금 덴마크 코펜하겐의 명물인 라운드 타워(Round Tower), 주식거래소(Stock Exchange), 로젠보르 성(Rosenborg Castle), 해군 막사로 사용된 뉘보데르(Nyboder) 등은 모두 그의 명령에 의해 건축된 것이다.

하지만 그에 대한 역사적 평가는 아직도 엇갈린다. 무엇보다 재위 기간 중 너무 많은 전쟁에 관여해 '전쟁광'이라고 불렸으며, 콜베르거 하이데 해전(Battle of Colberger Heide)에서는 한쪽 눈을 잃기까지 했다. 그러나 이런 부정적인 평가에도 불구하고 그는 덴마크 사람들에게 역대 가장 인기 있는 왕으로 기억되고 있다.

tip
종교 전쟁이 만든 역사

●●● 1500년대 덴마크를 비롯한 유럽 대부분 국가들은 기독교라는 한 지붕 아래 있었다. 그러나 종교 개혁 이후 기독교가 분파되면서 종교적 분열과 갈등이 일어나기 시작했다. 유럽 최후의 종교 전쟁인 30년전쟁(1618~1648)은 이런 과정에서 발발했다. 신성로마제국(지금의 독일), 스페인 등이 주축이 된 구교팀과 덴마크, 영국, 프랑스 등이 모인 신교팀은 종교의 자유를 놓고 전쟁을 벌였다. 그러나 사실 종교는 핑계일 뿐 그 속에는 자국의 이득을 얻기 위한 꼼수가 숨어 있었다. 특히 덴마크는 이 전쟁을 기회로 신성로마제국의 영향력 아래 있었던 홀슈타인(지금의 독일 북부)을 완전히 빼앗으려 했고, 덴마크의 영원한 앙숙 스웨덴 역시 이 전쟁에 참여하여 덴마크가 차지하고 있던 발트해의 재해권을 찾으려 했다.

치열했던 30년전쟁에서 덴마크는 결국 패전국이 되고 만다. 브룀세브루(Brömsebro) 조약을 통해 덴마크는 노르웨이 땅 일부와 고틀란드 섬, 스코네 지역(지금의 스웨덴 서남부) 등을 스웨덴에 넘겨줘야 했다. 게다가 스웨덴은 외레순 해협을 무료로 이용할 수 있는 통행세 면제까지 요구했다.

전쟁은 많은 사회적 변화를 가져오기 마련이다. 막강했던 교회의 권력이 약해지며 상대적으로 왕의 권한이 강해지기 시작했고, 교황이 아닌 왕을 중심으로 하는 민족 국가라는 개념이 등장했다. 덴마크

30년전쟁(1618~1648) 중 덴마크 기병대가 사용했던 깃발

역시 30년전쟁 이후 왕권이 강화되었고, 왕위 세습 역시 귀족들의 입김에 좌우되지 않고 왕실 자체에서 결정하게 되었다.

크리스티안 5세(Christian V, 재위 1670~1699)의 왕관

1648~1848

PART 5
절대 왕정 시대

1700년대에 접어들면서 과학과 무역의 발달로 상공업이 활발해졌다. 이로 인한 세수의 증가는 왕권 강화의 기반이 되었고 세계사의 흐름에 따라 덴마크도 절대 왕정의 시대를 맞이했다. 이제 왕위는 귀족의 추대가 아닌 왕실의 세습으로 이어졌다. 왕권 강화는 상대적으로 귀족들의 권력이 약해지는 결과를 낳았고, 농민들의 목소리가 커지는 계기가 되었다. 또한 농촌의 토지 개혁과 교육 개혁은 덴마크 사회 전반에 급진적인 변화를 가져왔다.

HISTORY OF DENMARK

16

절대 왕정의 시작과 몰락

권력의 중심, 프레데리크 3세 부자(父子)

크리스티안 4세의 뒤를 이어 아들 프레데리크 3세(Frederik Ⅲ, 재위 1648~1670)가 즉위했다. 그는 충동적이고 적극적이었던 아버지와 달리 말수가 적고 조용했다고 한다. 프레데리크 3세가 당면한 가장 큰 문제는 아버지 대에 치렀던 전쟁에 대한 부채 해결이었다. 전쟁은 승리하면 패전국을 상대로 배상비를 요구할 수 있지만 패배하면 도리어 많은 빚을 안게 되기 때문이다. 이러한 상황 속에서 프레데리크 3세는 왕실 소유의 토지를 부르주아 계층에게 팔면서 빚을 메꾸어나갔다. 여기서 부르주아 계층은 중세시대에 상공업으로 돈을 많이 번 사람들을 말한다.

또한 프레데리크 3세는 부르주아들이 정부의 요직을 맡을 수 있

절대 왕정의 시작을 알린 프레데리크 3세(덴마크 힐레뢰드(Hillerød) 프레데릭스보르 성)

도록 신분을 상승시켰다. 이러한 왕의 경제권, 인사권 행사는 귀족들의 힘을 위축시키는 동시에 자연스러운 왕권 강화로 이어졌다.

결국 1665년, 덴마크는 왕의 절대 권력을 보장하는 절대 왕정의 시대(absolutism)를 맞이하게 되었다. 다음 왕이 된 아들 크리스티안 5세(Christian V, 재위 1670~1699) 역시 왕실 내 군대 양성에 많은 힘을 쏟으면서 덴마크의 절대 왕정은 더욱 강화되었다.

절대 왕정은 덴마크뿐만 아니라 유럽 전역에 많은 영향을 미쳤다. 전 세계 바다를 휘젓고 다녔던 무적함대 스페인의 펠리페 2세, "국가와 결혼을 했다"고 말했던 대영 제국의 여왕 엘리자베스 1세, "내가 곧 국가다"라는 말로 유명한 프랑스의 태양왕 루이 14세, 러시아를 근대화시킨 표트르 대제 등 세계사 책에 단골로 등장하는 인물들은 절대 왕정이 낳은 스타였다. 이들을 중심으로 유럽은 전 세계에 식민지를 개척하며 훗날 유럽 제국주의의 전성기를 만들어 갔다.

힘의 균형이 만든 평화, 프레데리크 4세

크리스티안 5세의 뒤를 이어 아들 프레데리크 4세(Frederik IV, 재위 1699~1730)가 즉위했다. 그의 재위 시절 스웨덴의 군사력은 이미 덴마크를 능가하고 있었다. 그즈음 러시아가 발트해의 해상권을 놓고 스웨덴과 전쟁을 벌이게 된다. 그러자 기다렸다는 듯 덴마크는 러시아를 도와 스웨덴 공격에 합류했다. 1700년부터 1721년까지, 20년 이상 계속된 '대북방전쟁'이었다.

전쟁은 러시아 연합의 승리로 끝이 났다. 러시아는 발트해 지역의 주권을 잡으며 그 존재감을 드러냈고 덴마크 역시 스웨덴으로부터 배상금을 받는 등 승전국의 권리를 행사했다. 무엇보다 덴마크의 승리는 스웨덴과의 힘의 균형을 만들었다. 이후 80여 년간 양국 사이에는 별다른 분쟁 없이 평화로운 분위기가 이어졌다. 이처럼 평화, 즉 전쟁이 일어나지 않는 것은 힘의 균형이 이루어졌기 때문이다. 프레데리크 4세는 이 평화의 시기 동안 문화, 예술, 건축 등 다양한 분야에서 덴마크의 발전을 도모했다.

이런 힘의 균형 논리는 현대에도 그대로 적용된다. 오늘날 강대국들 간의 힘의 균형을 이루는 동력은 핵이다. 핵은 절대적 힘을 갖는다. 탱크, 전투기가 아무리 많아도 핵폭탄 한 방이면 끝난다는 것을 제 2차 세계대전에서 확인했기 때문이다.

지금 대한민국 주변의 많은 나라들은 핵을 보유하고 있다. 미국 CNN의 보도에 의하면 2012년 기준 미국 7,650기, 러시아 8,420기, 중국 240기, 인도 100기, 북한 10기 미만의 핵을 보유하고 있다고 한다. 그런데 사람들, 특히 미국인들은 북한의 핵이 사라지면 한반도는 물론 동북아에 평화가 올 거라고 말한다. 일리가 있다. 단, 모든 핵보유국들이 비핵화할 경우에는 말이다. 왜 자신들은 수백, 수천 기의 핵을 보유하고 있으면서 북한의 핵만 없어지면 마치 전 세계에 평화가 올 것처럼 이야기할까? 심지어 중국, 러시아, 미국은

1700년대 덴마크 해군의 주력선.
대북방전쟁의 승리로 덴마크는 경쟁국 스웨덴과 힘의 균형을 이루었다.

핵무기 관련 예산을 매년 늘리고 있다. 전형적인 강자의 논리다.

경건을 외친 사치왕, 크리스티안 6세

프레데리크 4세의 뒤를 이어 왕이 된 크리스티안 6세(Christian VI, 재위 1730~1746) 시대에도 평화는 계속되었다. 1700년대 중반,

크리스티안 6세 때인 1745년 만들어진 크리스티안보르 궁전(코펜하겐)은
현재 덴마크 의사당, 총리관저, 대법원청사 등으로 사용되고 있다(그림은 1746년 당시 모습).

덴마크의 가장 큰 변화는 종교였다. 덴마크는 종교개혁 이후 루터
교를 국교로 채택했다. 그러나 시간이 흐르며 루터교도 그 옛날 로
마 가톨릭처럼 형식에 치우치기 시작했다. 사람들은 무조건 예배에
참석해야 했고 헌금을 강요당했다. 그러자 사람들 사이에서는 '신
앙을 실생활에 적용하자', '예수의 가르침을 향해 스스로 노력하여
나아가자' 등 루터교 본연의 신앙을 찾고자 하는 운동이 일어났다.
이를 '경건주의'라 부른다.

1700년대 덴마크에는 이런 경건주의 운동이 유행했고 왕인 크
리스티안 6세 역시 경건주의의 전파에 앞장서며 많은 노력을 했다.
그런데 이렇게 경건주의를 외쳤던 크리스티안 6세 본인은 정작 사

치스런 궁전 생활을 했다. 또 회르스홀름 궁전, 에레미타겐 궁전, 크리스티안보르 궁전 같은 비싸고 화려한 건축물을 지으면서 국민들의 원성을 샀다.

한국사에도 궁궐에 목숨을 건 왕이 있었다. 바로 조선의 광해군이다. 그는 임진왜란으로 불에 탄 궁궐을 재건하기 위해 많은 노력을 했다. 요즘처럼 중장비도 없던 시대였으니 궁궐 공사에는 상상을 초월한 인력이 필요했다. 더군다나 전쟁이 끝나고 전 국토가 황폐해진 상황이었다. 많은 신하들이 무리한 궁궐 재건에 반대했으나 광해군은 끝까지 고집을 피웠고 결국 반대 세력에 의해 쫓겨나는 신세가 되었다.

문제는 이런 건물에 대한 욕심이 시대가 바뀌어도 별반 달라지지 않았다는 점이다. 21세기 대한민국의 일부 자치단체장들은 경쟁적으로 화려한 청사를 지어 혈세를 낭비했다. 형식에 치우친 정치는 결국 민심의 외면을 받기 마련이라는 것을 그들은 언제쯤 깨닫게 될까.

중립 외교가 가져온 경제 성장, 프레데리크 5세

크리스티안 6세의 아들로 다음 왕이 된 프레데리크 5세(Frederik V, 재위 1746~1766)는 경건주의를 주장했던 아버지와 달리 무척 자유분방한 왕이었다. 궁전에서는 매일같이 가장무도회와 축제가 열렸다. 결국 알코올 중독에 빠진 그는 대부분의 일을 측근들에게 맡겨버렸다. 다행히 측근들이 유능해서 국정은 별다른 혼란 없이 안정적으로 돌아갔다.

당시 유럽은 또다시 전쟁(7년전쟁, 1756~1763)의 소용돌이 속에 있었다. 7년전쟁은 현 독일의 전신인 프로이센 왕국이 오스트리아 왕국을 침략한 전쟁으로, 스웨덴, 영국, 프랑스 등 주변의 여러 나라들이 자국의 이익을 위해 참전하기 시작하면서 국제전으로 번졌다. 그러나 이 전쟁에서 덴마크는 중립을 지켰다. 전쟁 중인 나라는 전쟁 물자를 전쟁과 관련 없는 나라를 통해 구입하는 경우가 많다. 덴마크는 중립을 지키며 전쟁국과의 무역으로 많은 돈을 벌었다.

프레데리크 5세의 동상(덴마크 코펜하겐)

7년전쟁이 가져온 경제적 안정은 덴마크 사회를 변화시켰다. 특히 1757년, 정부 주도로 농업위원회가 설치되면서 덴마크의 농업은 기술적으로도 빠르게 성장했다. 프레데리크 5세가 술독에 빠져 있는 동안 덴마크에 많은 사회적 변화가 일어난 것이다. 때로는 무능한 왕의 무관심이 나라 발전에 많은 기여를 하기도 한다. 프레데리크 5세처럼 말이다.

꿈틀거리는 민중의 요구, 크리스티안 7세

프레데리크 5세의 아들인 크리스티안 7세(Christian VII, 재위 1766~1808)는 아버지만큼이나 존재감이 없는 왕이었다. 그 또한 매일 술과 향락에 빠져 살았다. 그러다 보니 대부분의 국정은 측근인 주치의 슈트루엔제(Johann Friedrich Struensee, 1737~1772)에게 맡겨졌다. 하지만 권력은 마약과 같다고 했던가. 한번 맛 들린 권력을 계속 남용한 슈트루엔제는 결국 1772년, 국왕 모욕 등의 혐의로 대중 앞에서 사지가 잘리는 비극을 맞이하고 만다.

그런데 흥미롭게도 절대 왕정 체제에서 국정을 소홀히 하는 왕의 행보는 역으로 민중을 결속시키는 계기가 되고는 한다. 위에서 누르는 힘이 약해지는 만큼 아래에서의 움직임이 쉬워지는 법이니 말이다. 이런 아래로부터의 움직임은 세계의 역사를 바꾼 프랑스 시민혁명(1789)으로 발현되었다.

슈트루엔제의 처형 장면

　　당시 프랑스는 부르주아 계층의 성장으로 신분 계급이 조금씩 붕괴되고 있었다. 급기야 국민들은 왕의 절대 권력은 끝났다며 시민의 권리 선언을 공표하기에 이르렀다. 시민이 주인이 되는 공화정을 선포한 것이다. 공화정이란 국정이 절대 권력자가 아닌 여러 사람의 합의에 의해 이루어지는 정치 형태를 말한다. 이는 인류사를 바꾼 역대급 사건이었다. 이후 유럽 사회에는 자유와 평등사상이 퍼지면서 새로운 변화를 맞이했다. 덴마크도 예외는 아니었다. 1800년대, 왕과 귀족들의 절대 권력이 무너지며 그 힘은 더욱 빠르게 아래로 내려갔다.

17

혁명의 시작

혁명의 시대, 프레데리크 6세

—

여러 문제가 있었던 크리스티안 7세에 이어 아들인 프레데리크 6세(Frederik Ⅵ, 재위 1808~1839)가 왕위를 물려받았다. 그는 매우 자유주의적이고 개혁적인 성향을 가진 인물이었다. 그 대표적인 예가 1788년, 농노제의 폐지였다. 당시 덴마크의 농민들은 땅을 소유한 귀족, 즉 영주의 노예였다. 농민은 이사의 자유도 없이 오직 영주를 위해 거의 모든 인생을 바쳐야 했다. 그런데 왕이 농노제를 폐지한 것이다. 덴마크 역사가 바뀌는 혁명이었다.

덴마크의 수도인 코펜하겐에는 이를 기념하기 위해 만든 오벨리스크(기념비)가 세워져 있다. 기념비 위에는 이런 문구가 적혀 있다.

"자유를 얻은 시민들은 국가에 대한 믿음을 갖고 더 성실히 일할

코펜하겐의 농노제 폐지 기념비(그림은 1792년 당시의 모습).
이 기념비는 지금도 코펜하겐 중심부에 위치해 있다.

것이다. 이로 인해 국가는 더욱 번영할 것이고, 시민들은 그런 국가를 위해 기꺼이 충성을 다할 것이다."

1800년대로 넘어가면서 덴마크에도 자유주의의 물결이 퍼졌다. 그러다 보니 이전까지는 당연했던 것들이 비합리적인 일이 되기 시작했다. 특히 권력 관계에서 늘 눈치만 보던 민중들은 합리적인 항의를 통해 힘을 키워나갔다. 1794년, 목수들이 모여 전제군주제에 항의하며 일으킨 파업은 당시의 혁명적 분위기를 잘 말해준다.

썩은 줄을 잡은 덴마크 외교

1700년대 말의 프랑스 시민 혁명은 주변국들의 권력자들을 긴장시켰고, 급기야 영국을 중심으로 한 주변국들은 프랑스를 공격하기에 이른다. 이때 등장한 프랑스의 영웅이 바로 나폴레옹이었다. 그의 활약으로 프랑스는 유럽 최강국이 되었고, 유럽은 나폴레옹의 프랑스 세력과 영국이 주도하는 반프랑스 세력으로 나뉘었다. 당시 덴마크는 프랑스를, 스웨덴은 반프랑스를 선택했다.

결과적으로 덴마크는 줄을 잘못 서고 말았다. 1805년, 영국의 넬슨에게 패한 프랑스는 더 이상 힘을 발휘하지 못했다. 대세는 이미 기울었다. 그런데도 눈치 없이 계속 프랑스를 응원하던 덴마크는 결국 영국의 심기를 건드리고 말았다. 1807년, 영국 함대는 코펜하겐을 무차별 공격했다. 코펜하겐에서만 1,600명 이상의 민간인이

영국군에게 포격을 당하는 코펜하겐(1807년)

죽었다고 하니 누가 봐도 외교 전략의 실패였다. 이처럼 외교는 신중해야 한다. 그렇지 않으면 그 피해가 고스란히 국민들에게로 가기 때문이다.

우리 역시 외교적 판단의 오류로 비극을 경험한 바 있다. 1623년, 청나라의 침략을 받은 병자호란은 중국의 명청 교체기에 실리(청나라)가 아닌 명분(명나라)을 좇은 외교적 실수의 결과였다. 1592년의 임진왜란은 어떠한가! 일본과 명나라 간의 전쟁이 임박한 상황 속에서 조선은 일본의 경고를 무시한 채 안일한 외교를 펼쳤다. 그 결과가 비극의 7년 왜란이었다.

역사를 바꾼 덴마크의 토지 개혁

한때는 북해 제국을 통치했던 최강의 덴마크였지만, 수많은 전쟁을 치르면서 국토가 점점 줄어들었다. 이러다 보니 덴마크 사람들 사이에서는 '우리끼리 잘살자'라는 민족주의가 유행하기 시작했다. 더불어 프랑스 혁명 이후 퍼진 평등사상과 계몽주의 사상은 전후 덴마크인들에게 많은 영향을 주었다. 그들의 목표는 이제 '작지만 강한 덴마크'를 만드는 일이었다. 그러기 위해서는 특히 국민의 대부분을 차지하는 농민들이 잘살아야 했다. 하지만 대부분의 땅이 귀족 소유였기 때문에 열심히 일해도 농민들에게는 남는 것이 없었다. 이를 해결하기 위해 1835년, 토지 개혁이 실시된다. 이 과정에서 많은 시행착오와 혼란이 있었지만 결국 전체 농민의 90%가 개인 농지를 가질 수 있었다. 자기 땅에서 농사를 지으니 농업 생산량은 크게 증가되었고 정부 역시 더 많은 세금을 걷을 수 있었다.

토지 혁명이 가져온 교육 혁명, 덴마크 교육 혁명가 그룬트비

―

토지 개혁은 농민들에게 경제적 자신감을 심어주었고, 이는 자연스럽게 교육에 대한 관심으로 이어졌다. 덴마크는 이미 1814년부터 7년 의무 교육을 시행하는 나라였다. 하지만 사람들 사이에서는 불만도 많아졌다. 그중 하나가 학교라는 틀로 국가가 교육을 독점하려 한다는 것이었다. 심지어 "학교는 물건을 찍어내는 공장과 같은 곳이다!"라는 주장까지 나올 정도였다. 이러한 사회적 요구는 '자유학교(Friskole)'라는 독창적인 교육제도를 만들어냈다. 자유학교란 정치로부터 자유롭고, 다양성이 보장되는 독립적인 교육이 가능한 학교를 말한다. 이 자유학교 제도는 절대 왕정 치하의 덴마크 사회를 근본적으로 뒤바꾸어놓은 시민 사회의 풀뿌리 운동과 함께 시작되었다. 정말 혁명과도 같은 변화였다. 그리고 그 중심에는 덴마크의 교육 사상가 그룬트비(Nikolai Frederik Severin Grundtvig, 1783~1872)가 있었다. 그는 이렇게 말했다.

"학교는 국가가 필요로 하는 인재의 양성장이 되어서는 안 됩니다. 학교란 삶에 필요한 지식을 배울 수 있는 곳이자 스스로 판단하고 결정할 줄 아는 시민을 배출하는 곳이어야 합니다. 위대한 국가는 위대한 시민들만이 만들 수 있기 때문입니다."

"시험은 타인의 말을 따라 해야만 답을 할 수 있는 것이며 결국 나이 든 사람들이 젊은이를 괴롭히는 일입니다. 따라서 기계적 암기 학습을 폐기하고 이야기와 노래, 놀이를 통해 배워야 합니다."

덴마크의 국부(國父) 그룬트비 동상. 목사이자 교육자, 정치인이기도 한 그는
덴마크 근현대사에서 가장 큰 업적을 쌓은 인물로 평가받고 있다. (덴마크 코펜하겐)

"쌍방향 의사소통 및 상호적 인간관계가 중요하기 때문에 학생, 교사, 부모는 평등한 입장에서 상호 작용하며 함께 해야 합니다."

그룬트비의 교육 철학을 한마디로 요약한다면 '다양성과 자율성'이라 할 수 있다. 그는 농민들이 중심이 되는 시민학교(폴케호이스콜레, Folkehøjskole)를 만들어 농촌 계몽에 힘썼다.

자율성이라고 하니 불현듯 한국의 '야간 자율 학습'이 떠오른다. 야간에 자율적으로 학습을 하는데 결코 자유롭지는 않은 학습이라니, 한국인이라면 누구든 공감하는 역설 중의 역설이다. 또 다양성을 이야기하다 보니 2015년 교사들을 충격에 빠트린 '역사 교과서 국정화 사건'이 떠오른다. 국가가 만든 단 한 권의 교과서를 가지고 일괄적인 역사 교육을 해야 한다는 이 구시대적인 정책에 대부분의 역사 교사들은 반대를 했다. 세상을 바라보는 시선이 다양하듯 역사를 보는 관점 역시 다양성이 존중되어야 한다는 것이다. 99%의 교사들의 저항에도 정부는 온갖 불법과 편법을 동원해 강행하려 했지만 민심을 얻지 못한 이 정책은 결국 폐지되고 말았다.

산업화 시대, 국가 주도의 교육은 단시간 경제 성장의 기적을 이루는 데 많은 기여를 했다. 하지만 이미 산업화 시대는 끝이 났다. 이제는 창의력이 경쟁력인 4차 산업혁명의 시대이다. 덴마크는 창의력 지수가 매우 높은 나라다. 오늘날 덴마크 교육의 명성은 그룬트비가 만들었다고 해도 과언이 아니다. 그룬트비에 의해 농촌이 바뀌었고, 교육이 바뀌었고, 덴마크가 바뀌었으니 그는 덴마크인들에게 세종대왕과 같은 인물이라 할 수 있다.

다양성이 만든 경쟁력! 덴마크 자유학교

●●● 지금의 덴마크 헌법에는 이런 항목이 있다. '교육은 의무이지만 취학은 의무가 아니다.' 즉 누구든 균등하게 교육을 받을 권리는 있으나 이것이 꼭 공립 학교를 가야 할 의무는 아니라는 뜻이다. 덴마크 교육 기관은 크게 공립 학교와 사립 학교로 나뉘는데, 자유학교는 사립 학교의 범주 안에 포함되어 있다. 하지만 사립인 자유학교의 운영비도 75%를 정부에서 지원해준다고 하니 사실상 공립과 사립의 구분이 없는 셈이다.

1820년대 배포된 어린이를 위한 알파벳 교재

혹자는 '자유학교면 모든 제도가 자유로운 학교인가?'라고 묻는다. 덴마크 사람들은 이런 대답을 한다. "자유학교의 자유는 어떤 것으로부터의 자유가 아닌 어떤 것을 지향하는 자유입니다."

자유로운 교육의 기본은 다양성이다. 다양성은 정부와 교사, 학부모, 학생 사이의 믿음과 신뢰에서 나온다. 자유학교에서 부모들은 교사와 함께 커리큘럼을 만들고 학교를 운영한다. 교재 역시 교육부의 교육 철학에 입각해 교사들이 스스로 만들어 사용한다. 모든 학내 규칙 역시 학생과 교사의 토론과 결정에 의해 만들어진다. 이를 통해 아이들은 자신이 학교의 주인이라는 민주주의의 개념을 생활 속에서 익히고, 자신들의 결정에 대한 책임감도 배운다.

덴마크 교육 실천가, 크리스튼 콜

교육 혁명가 그룬트비의 교육 철학은 크리스튼 콜(Christen Mikkelsen Kold, 1816~1870)에 의해 실천되었다. 그는 농촌을 중심으로 농민고등학교, 시민대학, 자유학교 등을 설립한, 사실상 덴마크 교육 개혁을 현실화시킨 인물이다.

농민고등학교에서는 나이 든 농부의 경험을 바탕으로 젊은 농부가 새로운 농

덴마크 교육을 한 단계 발전시킨 교육자 크리스튼 콜

법을 연구하며 매일 밤 토론이 이루어졌다. 이렇듯 농촌을 중심으로 세워진 시민학교는 덴마크 전역으로 퍼졌다. 이런 움직임 속에서 콜은 국가 시험 제도에 대해 교육청과 대립하기도 했다. 그의 요지는 "교육은 국가가 정책을 정해 내려보내는 방식이 아닌 농촌사회부터 퍼지는 자발적인 운동이 되어야 한다."는 것이었다.

그룬트비와 콜로부터 시작된 교육 혁명은 시민들에게로 권력이 넘어가는 평화로운 권력 이양의 원천으로 작용했고 오늘날 '위대한 평민의 나라 덴마크'를 만드는 초석이 되었다.

tip
교육과 학습의 경계선

●●● 가르치는 사람이 주체가 되는 행위가 교육이라면, 배우는 사람이 주체가 되어 스스로 탐구하는 행위는 학습이다. 그래서 교육의 가장 큰 목표는 학습이 되어야 한다. 덴마크인들에게 학창 시절은 자유로운 경험을 쌓고 그 경험을 바탕으로 자신의 인생을 설계하는 시기이다. 보통은 절반 이상이

1800년대 말 덴마크 발레킬데(Vallekilde) 민중고등학교

실업계 고등학교로 진학하고 19살이 되면 자신의 일을 시작한다. 학습의 장이 되는 대학은 일하는 분야에서 좀 더 깊은 공부를 하고 싶을 때 진학하는 것이다. 대입 시험이 없으니 언제든 자신이 원할 때 입학할 수 있다. 말 그대로 평생학습이다.

동화 작가 안데르센의 충고

—

덴마크 하면 빼놓을 수 없는 수식어가 하나 있다. 바로 '동화의 나라'다. 이는 덴마크가 세계적인 동화 작가 안데르센(Hans Christian Andersen, 1805~1875)의 고국이기 때문이다. 그는 덴마크 교육 혁명이 시작될 즈음인 1805년, 덴마크 오덴세(Odense)에서 태어났다.

안데르센의 동화는 남달랐다. 그 당시 동화는 기존의 고대 설화 같은 옛 이야기를 단순히 수집하는 데 그쳤지만 그는 직접 스토리를 창작했고, 무엇보다 이야기를 뻔한 결말로 마무리하지 않아 아이들의 상상력을 자극했다. 《미운 오리 새끼》, 《벌거벗은 임금님》 등 150여 년 전 창작된 동화가 오늘날까지도 아이들의 필독서로 읽히고 있으니 그가 얼마나 위대한 창작자인지 다시금 느낄 수 있다.

안데르센은 생전에 많은 곳을 여행하며 다양한 작품의 영감을 얻었다고 한다. 여행은 일상을 벗어나 새로운 환경을 접하게 해준다. 또 이동 중에 창밖을 바라보며 멍하니 생각에 잠기는 동안 온갖 상상의 나래가 펼쳐지는데, 이런 상상력을 통해 창의력이 발현된

세계적인 동화 작가 안데르센의 사진과 유품(덴마크 오덴세 안데르센 박물관)

다. 그래서 어린 시절의 여행은 창의력 증진에 많은 도움을 준다고 한다. 하지만 우리에게 여행은 사치스런 단어다. "그래, 떠나자!"라고 늘 결심하지만 온갖 현실적 이유로 뒤로 미뤄지기 일쑤다. 특히 아이들과의 여행은 더욱 그러하다. 억만금을 줘도 살 수 없는 것이 바로 지금 이 순간인데 말이다.

안데르센이 불후의 명작들을 창작할 수 있었던 또 하나의 이유는 그가 자신의 감정에 충실했다는 데 있다. 실제로 그의 동화는 대부분 자신의 삶에서 영감을 얻은 것들이다. 자신의 감정에 충실하고 그것을 자유롭게 표현할 수 있는 사회 분위기는 창작의 가장 중요한 요건이 된다. 덴마크에서 안데르센 같은 작가가 나올 수 있었던 이유도 여기에서 기인할 것이다. 하지만 한국 사회는 그렇지 못하다. 우리는 어려서부터 자신의 감정을 표현하는 법보다는 다른 사람의 눈치를 보는 법부터 배운다. 집에서는 엄마의 눈치를, 학교에서는 선생님의 눈치를, 직장에서는 상사의 눈치를, 그리고 은퇴 후에는 자식의 눈치를 본다. 한국에서 눈치가 빠르다는 것은 곧 사회생활을 잘한다는 의미이기도 하다. 그러나 자신의 감정을 억제하고 남의 눈치를 많이 보는 사회에서 창의력 지수는 결코 높아질 수 없다. 창의력은 사회적 분위기의 산물이다. 학원에서 배울 수 있는 것이 아니다. 지금 이 순간, 우리의 인식을 바꿔야 환경이 바뀐다.

오덴세에 있는 안데르센 박물관에는 한글을 포함한 전 세계 문자로 번역된 안데르센 동화집이 전시되어 있다. 그의 이름을 딴 안데르센 문학상은 오늘날까지 이어지고 있는데, 《해리포터》로 유명한 작가 조앤 K.롤링(Joan K. Rowling) 역시 이 상의 수상자이다. 안데르센이 눈을 감은 1875년 8월 4일, 덴마크 정부는 시장 거래를 중단하고 국장으로 그를 추모했다.

지방 분권의 시작, 크리스티안 8세

아버지 프레데리크 6세에 이어 크리스티안 8세(Christian VIII, 재위 1839~1848)가 왕위에 올랐다. 그는 절대 왕권을 유지하려 노력했으나 이미 대세는 기울어진 상태였다. 좀 더 정확히 말하자면 왕의 권력이 약해졌다기보다는 세상을 바라보는 민중의 의식이 조금씩 깨어나고 있는 시기였다. 그 시작은 중앙이 아닌 지방이었다. 덴마크 사람들은 지역을 대표하는 의원을 뽑을 수 있게 해달라고 왕을 압박했고 결국 왕은 지방 의회의 설립을 수용했다. 지방 분권, 즉 지방 자치가 시작된 것이다.

1800년대부터 시작된 덴마크 지방 분권의 역사는 오늘날 세계 최고의 지방 자치제를 만드는 힘이 되었다. 비록 초기에는 인구의 3%에게만 투표할 자격이 주어졌고 지방 의회의 기능 역시 매우 제한적이었으나, 2012년 월드뱅크(The World Bank Group, 세계은행그룹)가 '국가 예산 중 지방 예산이 차지하는 비중'을 조사한 결과, 덴마크는 지방 분권이 가장 잘 되는 나라로 선정되었다. 지방 정부의 힘이 강하다는 것은 중앙 권력이 분산됨을 의미하고, 이는 권력형

지방 분권을 허용한 크리스티안 8세

비리가 발생할 확률을 줄이는 계기가 된다.

　그렇다면 한국의 지방 자치 제도는 어떨까? 한국은 1949년, 법적으로 지방 자치제를 확립했다. 그러나 한국전쟁과 이후 독재 정권의 통치를 받으면서 지방의 자치권은 극도로 제한되었다. 1961년, 쿠데타로 정권을 잡은 박정희는 지방 자치제를 전면 중단했고 모든 권력을 자신에게로 집중시켰다. 그렇게 30년이 흐르고 본격적인 민주화가 시작된 1991년에 이르러서야 한국의 지방 자치 제도는 다시 시행될 수 있었다. 한국의 독재자들이 얼마나 많은 역사의 후퇴를 만들었는지 알 수 있는 대목이다. 그래도 다행인 것은 최근 들어 지방 자치라는 표현보다는 지방 정부라는 표현이 대중화되고 많은 국민들이 지방 정부의 중요성을 인식하고 있다는 점이다.

내 집 앞 민원은 대통령이 아닌 동장이나 구청장, 시장이 해결해준다. 대통령 선거보다 내가 사는 지역의 수장을 뽑는 선거가 더 중요해질 때 우리는 더 많은 민주주의의 혜택을 경험할 것이다.

덴마크 노동조합의 깃발(덴마크 노동자 박물관)

1848~1912

PART 6
대의 정부 시대

1800년대 중반 이후 북유럽을 호령하던 덴마크의 절대 왕권은 무너졌고, 왕이 아닌 국민들의 대표가 나라를 이끄는 대의 정부 시대가 시작되었다. 국왕은 상징적 존재가 되었고 민중이 나라의 진정한 주인이 된 것이다. 자유헌법이 만들어지고 사회 각 분야에서는 개혁이 일어났다. 또한 노동자들이 중심이 된 정당인 사회민주당은 국민들의 지지와 신뢰를 한 몸에 받았다.

HISTORY OF DENMARK

18
입헌군주국 덴마크

입헌군주국 국왕, 프레데리크 7세

―

크리스티안 8세에 이어 아들 프레데리크 7세(Frederik VII, 재위 1848~1863)가 즉위했다. 세상이 바뀌고 있었다. 1848년 3월 20일, 코펜하겐에서 열린 대중 집회에서 국민자유당 지도자인 '올라 레흐만(Orla Lehmann, 1810~1870)'은 프레데리크 7세에게 새로운 국민의 정부를 세울 것을 제안했다. 다음해 왕이 이 요구를 수락했고 사실상 덴마크의 절대 왕정은 폐지되었다.

1849년 6월 5일, 프레데리크 7세가 30세 이상의 남성에게 선거권을 주는 내용과 양원제 의회를 규정한 헌법에 비준함으로써 덴마크는 명실상부한 '입헌군주국'이 되었다. 입헌군주제(立憲君主制)를 한자로 풀어보면 '법에 입각해 군주가 다스리는 제도'다. 언뜻 보면 여전히 왕이 다스리는 제도 같지만 '왕의 권력을 법으로 제한하고 나라를 운영하는 모든 권한은 국민의 대표 기관이 갖는다'는 뜻이 담겨 있다. 즉 형식적으로는 왕실이 존재하지만 왕위 세습만 가능할 뿐, 실제 권한은 국회가 갖는 제도이다. 덴마크는 이 첫 번째 자유헌법이 비준된 6월 5일을 헌법의 날로 기념하고 있다. 하지만 바뀐 제도가 정착되기까지는 어느 정도의 갈등이 지속되었다.

덴마크 의회 건물 앞에는 대의 정부 시대를 연 프레데리크 7세의 동상이 있다. (덴마크 코펜하겐)

영국의 **차티스트 운동**

●●● 덴마크의 절대 왕정 폐지에 가장 큰 영향을 준 사건은 단연 1838년, 영국의 '차티스트(Chartist) 운동'이었다. 산업 혁명 이후 영국 사회의 빈익빈 부익부 현상은 점점 더 심각해졌다. 밤새 일을 해도 대부분의 수익이 자본가에게 돌아가는 현상을 보며 영국 노동자들은 좀 더 공평한 소득 분배와 복지 향상을 요구했고 급기야 자신들의 대표를 의회로 보내기 위한 선거권 확대 운동을 시작했다. 이를 차티스트 운동이라고 하는데, 노동자들이 인민헌장(People's Charter)을 발표한다는 뜻이다.

차티스트 운동은 전 유럽으로 퍼졌고 이에 영향을 받은 덴마크 사람들은 '6월 헌법'을 만들었다. 비록 남성에게만 주어진 참정권이었지만 국민의 대부분을 차지하는 노동자들이 직간접적으로 정치에 참여할 수 있는 길이 열린 것이다(참고로 덴마크 여성의 참정권은 1915년에야 부여되었다).

시대의 흐름을 앞당긴 실존주의 철학자
—

1800년대 덴마크 정치는 혁명과 같은 변화를 겪고 있었지만 이러한 변화가 미치지 못하는 곳이 있었다. 바로 교회였다. 500여 년

전 헌금을 강요하고 면죄부를 팔았던 로마 가톨릭에 대한 자기반성 (종교개혁)으로 생겨난 루터교였지만 루터교 역시 300여 년의 시간 동안 본질에서 멀어지며 그 자체로 권력이 되어버렸다.

바로 그때 한 젊은 철학자가 대놓고 교회를 비판하기 시작했다. "요즘 덴마크 목사들은 하나님에게만 있어야 할 권한을 자기 편한 대로 해석하고 있다! 목사를 통하지 않고는 마치 하나님을 만날 수 없을 것 같은 분위기를 만드니 목사들의 권한이 하늘을 찌른다!" 루터교가 국교인 나라의 지식인 입에서 감히 나올 수 없는 발언이 었다. 하지만 성직자들이 불편해할 그의 발언은 억압받던 국민들의 마음을 통쾌하게 만들었다.

그의 주장은 계속되었다. "철학과 교리를 아무리 강조해도 결국 내 삶에 영향을 미쳐야 진정한 철학이요, 종교다! 수백 권의 책을 읽어도 내 삶에 적용이 되지 않으면 소용없으니 진짜 중요한 것은 실제 내가 하는 행동이다!" 그는 실제 숨을 쉬며 존재하는 실존을 중시했으며 그의 사상은 '실존주의'라는 이름으로 세상에 알려졌 다. 바로 실존주의 철학의 대부 키에르케고르(Soren Aabye Kierkeg-aard, 1813~1855)의 이야기다.

흥미로운 점은 죽기 전까지 그렇게 교회를 비판했던 그를 훗날 덴마크 교단이 교회를 변화시킨 인물로 인정했다는 것이다. "형식 보다 실천! 의무보다 자발!"을 중시하는 그의 실존주의는 덴마크를 넘어 오늘날까지 전 세계인들에게 많은 영감을 주고 있다.

덴마크를 대표하는 철학자 키에르케고르 동상(덴마크 코펜하겐)

KIERKEGAARD

덴마크 종교개혁의 실천자, 목사 그룬트비

—

그룬트비는 덴마크의 교육가이기도 하지만 사실 목사로 더 알려진 인물이다. 목사 니콜라이 그룬트비는 종교의 자유를 주장했다. "신은 늘 우리와 함께한다! 교회, 예배 그것이 그렇게 중요한가! 종교는 개인의 것이니 남에게 강요해서는 안 되는 것이다." 이런 발언 등으로 인해 그룬트비는 목사 자격을 박탈당하는 위기를 겪었지만 그의 주장은 많은 사람들의 공감을 얻었고, 마침내 1849년, 덴마크 헌법은 종교의 자유를 보장하게 된다.

지금 덴마크인들의 80%는 루터교 교인이다. 하지만 그들에게 교회는 무조건 가야 하는 곳도, 헌금을 많이 내야 구원을 받는 곳도 아니다. 예배 참석률이 전체 교인의 3%가 되지 않고, 헌금 역시 자신이 원하면 자신이 받는 급여의 일부를 세금 형식으로(소득의 1% 미만) 낸다. 덴마크인들에게 교회는 조용히 예배 드리는 공간, 성년식이나 결혼식 같은 가족 행사를 하는 공간, 소외된 이웃이 쉴 수 있는 복지 공간 같은 곳이다. 500년 전 루터가 그랬듯 150년 전 그룬트비는 덴마크인들에게 기독교와 교회의 역할이 무엇인지, 또 어디로 나가야 하는지를 알려주었다.

덴마크 교회의 역사를 보면 한국의 교회를 돌아보게 된다. 한국인들의 약 20%는 개신교 교인이다(천주교인은 약 10% 미만). 한국의 교회는 교인들의 헌금으로 운영되는 경우가 많다. 그래서인지 교인이 많아지면 교회 규모가 크고 화려해진다. 또 일부 교인들은 대형

그룬트비 목사의 성경책.
그가 꿈꾸는 교회는 성경책 속 그리스도의 말씀을 실천하는 곳이었다.
(덴마크 우드비(Udby) 그룬트비 생가)

교회에 나가면 그만큼 더 큰 은혜를 받을 것이라 생각하기도 한다.

몇 년 전, 한 뉴스 앵커의 브리핑이 떠오른다.

"미국의 목사 리처드 핼버슨(Richard Halverson)은 이렇게 말했습니다. 기독교는 그리스로 이동해 철학이 되었고, 로마로 옮겨가서 제도가 되었고, 유럽으로 가서 문화가 되었고, 미국으로 가서는 기업이 되었다. 그리고 한 다큐 영화감독은 이렇게 덧붙입니다. 교회는 한국에 와서 대기업이 되었다."

150년 전 그룬트비 목사의 시선으로 더 낮은 곳에서 더 겸손한 마음으로 그리스도의 말씀을 실천하는 한국 교회의 모습을 기대해 본다.

19
절망 속의 희망

새로운 왕가의 시작, 크리스티안 9세
—

1863년, 프레데리크 7세가 후사 없이 사망하면서 1448년 이후 무려 415년 동안 덴마크를 다스렸던 올덴부르크(Oldenburg) 왕조도 그 막을 내리게 되었다. 왕위는 다른 가문인 글룩스부르그(Glücksburg) 가문이 이어받아 크리스티안 9세(Christian IX, 재위 1863~1906)가 새로운 왕위에 올랐다. 흥미로운 점은 글룩스부르그 가문이 슐레스비히-홀슈타인(지금의 독일 북부) 지역을 기반으로 세력을 유지했던 가문이라는 점이다. 이 지역은 전통적으로 덴마크의 영향력 아래 있었지만 지역 귀족들의 힘이 강해 지금으로 비유하자면 특별 자치 지역 같은 곳이었다. 또한 북쪽은 덴마크어, 남쪽은 독일어를 사용할 정도로 인종, 언어, 문화 면에서도 달라, 덴마크계와

제 1, 2차 슐레스비히–홀슈타인 전쟁으로 인해
프로이센(지금의 독일)으로 넘어간 덴마크 영토(주황색 부분)

독일계 사람들이 공존했던 지역이었다. 아마 덴마크 정부는 왕위 승계 조건과 더불어 이 지역의 지배력까지 고려해 왕으로 추대했을 것이다.

그런데 문제가 발생했다. 덴마크 정부가 새로 만든 헌법에 슐레스비히–홀슈타인 지역을 덴마크의 영토에 포함시킴은 물론이고 덴마크어를 공용어로 지정한다는 내용이 들어 있던 것이다. 이는 독일계 사람들을 자극시켰고 같은 독일계인 프로이센 왕국(지금의 독일)과 오스트리아가 이 문제에 간섭하면서 어느덧 전쟁으로까지 커

1848년 슐레스비히-홀슈타인 사람들이
덴마크 군인들에게 쫓겨 도망가는 모습을 풍자한 그림

제 1차 슐레스비히-홀슈타인 전쟁(1848~1852)에서
승리 후 귀환하는 덴마크 군대

지게 되었다. 덴마크와 독일계 나라들 간의 전쟁인 제 1, 2차 슐레스비히-홀슈타인 전쟁(1848~1852, 1864)은 치열하게 전개되었고, 그 결과 1차는 덴마크가 승리했지만 2차에서 덴마크가 완전히 패배함으로써 슐레스비히-홀슈타인 지역은 프로이센 왕국의 영향력 아래 놓이게 되었다.

슐레스비히-홀슈타인, 국제법적 영토와 마음의 영토

덴마크 사람들에게 슐레스비히-홀슈타인 지역은 뼈아픈 역사 그 자체이다. 어쩌면 그들은 아직도 마음속으로 "독일 영토로 인정할 수 없다!"고 외치고 있을지 모른다. 천 년 이상 자신들의 영토라 믿었던 지역이 하루아침에 다른 나라의 영토가 되었으니 말이다. 하지만 현실, 즉 국제법상으로는 엄연히 타국(독일)의 영토가 되어 버렸다.

그렇다면 우리에게 휴전선 이북 지역은 대한민국의 영토인가, 아니면 다른 나라의 영토인가? 국제법상 남북한은 유엔 정식 회원국으로 가입된 별개의 나라이다. 뉴욕의 유엔 본부 앞에는 태극기와 북한의 인공기가 함께 걸려 있고, 전 세계인들은 한반도에 두 나라 '대한민국'과 '조선민주주의인민공화국'이 있다고 인지하고 있다. 올림픽 개회식에도 각각의 국기를 들고 입장하며, 모든 국제회의에도 동등한 자격으로 참석한다. 그러나 이런 국제법을 인정하지 않는 두 나라가 있다. 바로 '대한민국'과 '조선민주주의인민공화국'이다.

대한민국 헌법은 한반도 전체를 대한민국 영토로 규정한다. 또 38선 이북 지역은 대한민국 정부에 저항하는 반국가단체에 의해 불법 점령된 상태로 인식하고 있다. 그래서 우리는 조선민주주의인민공화국을 북쪽의 한국, 즉 북한이라 부른다. 북한 사람들을 국민이 아닌 '주민'이라고 지칭하고, 북한 인사의 남한 방문을 자국 영토 내 지역의 이동으로 간주하며 '방한'이 아닌 '방남'이라고 표현하는 것도 북한을 국가로 인정하지 않기 때문이다.

그런데 이는 북한도 마찬가지다. 북한 사람들은 자신들을 북한 사람이라 부르는 것을 매우 치욕적으로 생각한다. 이 세상에 북한이란 나라는 없기 때문이다(북한의 정식 명칭은 '조선민주주의인민공화국'이다). 그들은 한반도를 조선반도로 지칭하고 자신들을 북조선, 대한민국을 남조선이라고 표현한다. 그들 역시 그들 표현대로 남조선 인민들이 조선반도의 남쪽 지역을 불법으로 점령하고 있다고 생각하는 것이다.

물론 대한민국 국민 입장에서는 말도 안 되는 이야기다. 모든 역사적 사료를 봐도 대한제국의 정통은 대한민국으로 전해졌다. 실제로 북한 정권을 세운 김일성마저 태극기를 품고 독립운동을 한 인물이었다. 광복 직후 사회주의를 주장했던 김일성이 소련(지금의 러시아 등)의 도움으로 한반도 북쪽에 북한 정권을 수립한 것이다.

그런데 문득 이런 생각이 든다. 수백 년 후 우리 후손들은 지금 우리가 그 옛날 고구려, 백제, 신라의 역사적 가치를 동일하게 여기듯 오늘날 남북의 역사를 똑같은 가치로 평가하지 않을까? 삼국의 역사가 합쳐져야 완벽한 한국 고대사가 되듯 남북의 역사가 합쳐져야 완벽한 한국 현대사가 되기 때문이다.

우리는 지난 5,000년간 때로는 3국(고구려, 백제, 신라)으로, 때로는 4국(고구려, 백제, 신라, 발해)으로, 때로는 2국(발해, 신라)으로 분단된 역사를 경험했다. 삼국시대에 전라도와 경상도가 서로 싸웠다고 지금까지 그 감정이 남아 있지 않은 것처럼, 비록 분단으로 서로에게 상처를 준 역사가 있지만 남북, 북남은 이를 극복하고 서로를 인정해야 한다.

만약 자국의 법이 아닌 국제법을 따라 양쪽이 서로를 인정하면 한반도의 평화는 자연스럽게 다가온다. 그리고 평화체제 내에서 경제, 문화, 예술 등 분야별 교류가 이루어지면 분단된 70여 년의 다름은 극복될 수 있다. 남북, 북남의 마음속 영토의 통일이 시작된다면 미래의 어느 날 국제법상 영토의 통일 역시 자연스럽게 다가올 것이다. 한반도의 통일은 이렇게 이루어져야 한다.

절망 속 희망, 협동조합

—

슐레스비히-홀슈타인 전쟁 이후 영토의 3분의 1을 잃은 덴마크는 충격에 빠졌다. 약 백만 명에 가까운 인구가 독일인이 되어버린 것이다. 더군다나 독일에게 빼앗긴 슐레스비히-홀슈타인 지역은 농업은 물론 무역, 산업 등을 주도하는 덴마크 내에서 가장 가치 있는 땅이었다. 비옥한 농지를 잃고 황무지만 남은 덴마크의 농산물 가격은 폭등했고, 농사는 다른 산업에까지 영향을 미쳤다. 심지어 중앙은행이 파산할 정도였으니 덴마크는 역사상 최악의 상황에 직면한 것이다.

많은 덴마크인들은 희망을 잃었고 1860년부터 1914년까지, 약 30만 명의 덴마크 사람들이 미국이나 캐나다로 이민을 떠났다. 하지만 희망은 늘 절망 속에서 태어나기 마련이다. 국내외적으로 좋지 않은 환경이었지만 이미 토지 개혁과 교육 혁명으로 경제적, 철학적 자신감을 얻은 농민들은 '조합'이라는 단체를 더욱 활성화시켰다. 당시 전국적으로 약 1,600여 개의 마을 회관이 생겼다고 하니 이 시기를 덴마크 학자들은 '조합(협회)의 해'라 부른다.

여기서 말하는 조합이란 거창한 기관이나 단체가 아니다. 예를 들어 A학교 매점을 운영하는 사장이 있다. 사장은 자기 돈으로 물건을 구입한 후 학생들에게 팔아 수익을 얻는다. 반면 B학교는 학생들이 돈을 모아 물건을 구입해서 판매하고 수익금 역시 학생들이 나눠 갖는다. 여기서 B와 같은 운영 방식을 조합이라고 한다.

조합을 운영할 때는 조합원들끼리의 신뢰가 아주 중요하다. 덴마크의 농민들은 지역별로 조합을 만들고 농기계 공동 구입은 물론 농작물 판매도 같이 했다. 이 과정에서 필요한 모든 결정은 조합원들이 함께 모여 회의를 통해 자발적으로 결정했다. 사실상 조합 활

1860년부터 1914년까지, 약 30만 명의 덴마크인들이 북미 지역으로 이민을 떠났다.

1865년, 조선소 노동자들이 설립한 주택 조합을 위한 광고. 당시 코펜하겐 무주택 노동자들에게 주택 조합은 저축은행과 같은 기능을 했다.

1882년 덴마크 농촌의 협동조합

동을 통해 작은 민주주의를 경험한 것이다. 이 조합 문화는 오늘날까지 이어져 덴마크 사회를 이끄는 공동체 문화로 정착되었고, '작지만 강한 나라 덴마크'의 가장 큰 경쟁력이 되고 있다.

• 역사배틀 •
황무지 개간 운동 vs 새마을운동

●●● 1800년대 중반, 절망에 빠진 덴마크 국민들을 독려하고자 민중 시인이었던 H. P. 홀스트(Hans Peter Holst,

1811~1893)가 이런 내용의 시를 썼다. "잃어버린 것은 결국 내부의 성공으로 전환될 것이다(Every loss can find a recompense again! Each outward loss must turn to inner gain!)." 이 시를 '덴마크 황무지 개간 협회'의 달가스(Enrico Mylius Dalgas, 1828~1894)가 인용하면서 "밖에서 잃은 것을 안에서 찾자!"라는 구호가 유명해졌다. 절망의 시기에 달가스는 덴마크의 부흥을 외쳤고, 각 지역 조합들이 호응하며 그의 캠페인에 동참했다.

여기서 중요한 점이 바로 '자발성'이다. 국가의 작업 지시가 내려오면 무조건 따르는 것이 아니라 협동조합 내에서 자기 지역의 특색에 맞는 부흥운동을 자발적으로 진행했던 것이다. 당시 달가스 혼자 여의도 면적의 3배에 달하는 황무지를 숲으로 바꿨다고 한다. 이렇듯 전국적으로 일어난 부흥운동을 통해 황무지와 같았던 덴마크 국토는 초원과 숲으로 뒤덮였다. 위기를 기회로 바꾸는 일의 주체가 국가가 아닌 농민 스스로였던 것이다. 달가스표 부흥운동은 덴마크 농민들에게 자신감을 불어넣었고, 이 자신감은 자연스럽게 농촌의 소득 향상, 더 나아가 덴마크 전반의 산업 발전으로 이어졌다.

농민들은 조합 활동을 통해 농업 기술을 연구하며 시대의 변화에 발맞췄다.

덴마크 부흥운동가 달가스

그 대표적인 상품이 양돈 산업이었다. 산업혁명 이후 농기계의 발달로 값싼 미국산 농산물이 덴마크를 위협했다. 이때 덴마크 농업협동조합의 농민들은 돼지고기에 주목했다. 그들은 양돈 기술을 연구하고 개발하면서 노하우를 쌓았고, 그 결과 오늘날 덴마크 양돈 산업은 전 세계 돼지고기 수출량의 5%를 차지할 정도로 성장했다. 우리나라 사람들이 먹는 미니족발의 대부분이 덴마크에서 왔다고 할 정도다. 덴마크 양돈 협동조합인 '대니쉬 크라운'은 오늘날 전 세계 양돈 산업의 롤 모델이 되고 있다.

덴마크 농민들의 노력은 양돈에서 끝나지 않았다. 그들은 우유보다 더 오래 보관할 수 있는 요구르트 같은 유제품 개발에도 많은 노력을 했다. 게다가 1860년대 완공된 철도는 낙농 산업의 발전을 더욱 촉진시켰다. 오늘날 낙농 강국 덴마크의 역사는 이렇듯 조합의 역사와 맥을 같이한다.

우리의 근현대사에도 '새마을운동'이라는 부흥운동이 있었다. 1970년대부터 시작되었으니 달가스의 부흥운동이 일어나고 약 100년 후의 일이다. 1960년대 한국은 수출만이 살 길이라며 수출 위주의 산업에 매진했다. 그러다 보니 물가 폭등이라는 부작용이 생겼다. 예를 들어 정부가 수출 기업을 위해 1달러당 환율을 100원에서 120원으로 높였다고 하자. 그럼 수출 기업은 20원을 더 벌지만, 물건을 수입하는(특히 석유) 기업은 20원이 더 필요해진다. 이런 수출 위주의 정책으로 국내 물가는 폭등하고 말았다.

문제는 매일 오르는 물가를 잡기 위해 정부가 쌀 가격을 낮추어버린

덴마크 부흥운동 기념비(덴마크 비보르(Viborg) 박물관)

1800년대 개통된 철도는 덴마크의 산업에 많은 변화를 가져왔다.
(덴마크 오덴세 철도 박물관)

데 있었다. 쌀 가격의 하락은 농촌을 급격히 쇠퇴시켰다. 당시 쇠퇴
한 농촌을 살리고자 일어난 운동이 바로 달가스의 부흥운동을 모방
한 '새마을운동'이었다. 국가가 주도한 농촌 현대화 운동은 마치 군
대에서처럼 전국에서 일사천리로 진행되었다. 농민들의 개인 의견

은 중요하지 않았다. 혹 누군가가 개인 의견을 내면 이장님은 이렇게 말했다. "하라면 하세요! 위에서 그렇게 하라잖아요!"

하지만 새마을운동 이후에도 농촌의 상황은 크게 나아지지 않았다. 농기계 구입 등으로 농가 부채는 더 늘었고 실제로 더 많은 농민들이 농촌을 버리고 도시 공장으로 몰리는 부작용이 나타났다.

분명 새마을운동은 어려운 현실을 다 함께 극복해보자는 뜻으로 시작된 것이고, 이를 통해 어느 정도 농촌의 현대화도 이루어졌다. 하지만 새마을운동은 달가스 부흥운동의 겉모습만 따라했을 뿐 자발성이라는 핵심 포인트는 모방하지 못했다.

20
노동자들의 정치 참여, 사회민주당의 탄생

노동자들의 움직임

아래로부터의 변화로 덴마크는 위기를 극복하고 경제 성장을 이루었다. 경제 성장의 주체는 도시의 노동자들과 농촌의 농민들이었다. 하지만 적은 임금, 장시간 노동 등 도시 노동자들의 삶은 비참했다. 이런 상황 속에서 발생한 영국의 차티스트 운동은 덴마크 노동자들의 마음에 큰 울림을 주었다. 그러던 중인 1872년, 코펜하겐의 한 공원에서 열린 대중 집회 때 시위대와 경찰이 충돌하는 사건을 계기로 덴마크의 민중들은 하나로 뭉쳐야 한다는 사실을 깨달았다. 도시 노동자들은 농촌처럼 노동조합을 만들어 가입하기 시작했다.

덴마크의 노동조합들은 서로 연대하며 활동했고 결국은 거대한 정치집단으로 발전했다. 덴마크 정치사에서 빼놓을 수 없는 정당

덴마크 노동운동에 많은 영향을 준 국제노동자협회의 깃발.
하단에는 '의무 없이는 권리도 없다. 권리 없이는 의무도 없다.'라고 쓰여 있다.

인 '사회민주당'의 탄생이었다. 오늘날 덴마크의 노동조합 가입률은 거의 80%에 육박한다. 알바를 하는 대학생조차도 노조에 가입할 정도다. 반면 한국 내 노조 가입률은 약 10%가 채 안 된다. 헌법에 보장된 노동자의 권리지만 노조가 불법적이고 이기적인 시위를 하는 집단이라는 사회적 편견 때문이다. 도대체 그 편견은 누가 만든 것일까?

tip
사회민주주의

●●● 왕에게서 권력을 찾아온 시민 혁명은 시민이 중심인 민주주의 사회를 만들었다. 또 상공업의 발달을 촉진시킨 산업 혁명은 돈이 중심인 자본주의 사회를 만들었다. 문제는 자본주의 사회에서는 사람의 노동보다 돈의 가치가 더 크기 때문에 돈이 많은 사람들이 더 많은 돈을 버는 경제적 불평등이 생길 수밖에 없다는 것이었다.

이에 독일의 경제학자 마르크스(Karl Marx, 1818~1883)는 자본주의는 결국 실패할 것이며 사회주의가 그 자리를 차지할 것이라고 주장했다. 사회주의란 쉽게 말하면 나보다는 우리를 중시하는 사상이다. 개인보다는 공공의 이익이 우선이니 개인의 자유는 제한될 수밖에 없다. 그는 사회주의의 완성은 모든 재산의 공유화(공산주의)와 계급이 사라진 평등 사회라고 주장했다. 더 나아가 이 과정에서 노동자 계급(proletariat, 프롤레타리아트)의 독재가 수반될 수도 있다고 했다. 사실상 독재 정치를 정당화한 것이다.

이후 마르크스의 영향을 받은 독일의 노동운동가인 라살레(Ferdinand Lassalle, 1825~1864)는 공공의 이익을 위해 정부가 사유 재산을 어느 정도 규제할 수는 있지만 이를 위해 민주주의 정치 체제는 반드시 정착되어야 한다고 주장했다. 라살레는 이러한 '사회민주주의' 사상을 바탕으로 독일 사회주의노동당을 결성했고 그의 영향을 받은 덴마크 노동자들은 '사회민주당'을 창당하기에 이른다.

사회민주당 연합에서 나온 포스터. 프랑스 혁명의 슬로건인 자유, 평등, 그리고 형제애가 덴마크의 노동 운동 의제로 채택되었다.

간혹 사회민주주의 제도를 사회주의 제도로 착각하기도 하는데 둘은 개념 자체가 다르다. 사회민주주의는 공공의 이익을 침해하지 않는 한 사유 재산을 인정하고 보호한다. 예를 들어 국민 세금으로 지하철을 만들었다. 그럼 지하철 역 근처 건물의 가치가 상승한다. 건물주는 별다른 노력 없이 국민 세금으로 만든 지하철 덕에 많은 돈을 번다. 이때 국가는 건물주에게 많은 세금을 부과하고 걷은 세금은 복지제도 등을 통해 다시 국민들에게 돌려주는 것이다.

이처럼 경제 면에 있어서 공동체의 이익과 경제적 양극화의 방지를 위해 정부의 힘을 강화시킨 제도가 바로 사회민주주의다. 우리에게도 익숙한 '경제민주화'가 여기에 속한다. 경제민주화는 헌법 제119조 2항(국가는 균형 있는 국민 경제의 성장 및 안정과 적정한 소득의 분배를 유지하고, 시장의 지배와 경제력의 남용을 방지하며, 경제 주체 간의 조화를 통한 경제의 민주화를 위하여 경제에 관한 규제와 조정을 할 수 있다)에서 유래한 용어다.

하지만 정작 덴마크 사람들은 사회주의니 자본주의니, 좌파니 우파니 하는 이념에는 큰 관심이 없다. 어떤 제도가 나와 우리에게 더 이로운가를 따질 뿐이다.

덴마크의 상징이 된 '9월 대타협'

"세상 모든 물가는 다 오르는데 왜 내 월급만 안 오를까?" 대부분의 월급쟁이들은 이 말에 격하게 공감할 것이다. 정말 이상하다. 왜 내 월급은 그대로일까? 그 이유는 생각보다 단순하다. 산업화 이후 생산과 소비가 계속 증대되면서 그만큼 시장에 많은 돈이 풀리기 때문에 물가가 오르는 것이다. 하지만 자본주의의 특성상 노동의 가치는 자본의 가치보다 낮게 측정되기 때문에 자본가의 이익이 증대해도 노동자의 월급은 쉽게 오르지 않는다.

노사 갈등을 풍자한 그림

1891~1892년 사이, 실업자의 증가로 월세를 못 내 쫓겨나는 도시 노동자

1800년대 말 덴마크의 상황도 다를 바 없었다. 게다가 1895년 겨울, 경제 위기로 코펜하겐 노동자들의 3분의 1이 해고되는 사태가 일어났다. 덴마크 노동자들은 자신들의 노동으로 회사가 성장한 것인데 경제가 어렵다고 해고하는 것은 너무 부당한 처사라며 분노했다.

　　결국 덴마크 노동자들은 4개월간의 총파업에 돌입했고 고용주는 공장 폐쇄로 맞섰다. 파업 중 사장, 즉 자본가는 물건을 만들지 못해 손해를 보고, 노동자들은 월급을 받지 못해 손해를 보고 있었다. 뭔가 조치를 취하지 않으면 모두가 망할 판이었다. 하지만 세상 모든 문제에는 반드시 해결책이 있기 마련이다. 해결책은 타협이었다. 밤샘 토론과 협상의 결과, 기업은 노동자 해고의 유연성을 얻었고 노동자들은 합법적으로 노동조합을 결성하고 파업을 할 수 있는 권리를 얻었다. 이렇듯 어떻게 받을 것인가가 아니라 어떻게 양보할 것인가를 고민하면 갈등은 의외로 쉽게 풀린다. 이때 서로를 이해하고 한 발 양보하며 문제를 해결하는 방법이 타협이다. 100여년 전 이루어낸 '9월 대타협'으로 덴마크는 노동자와 경영자가 다 같이 잘사는 길을 택했다. 오늘날 의견이 다르면 적이 되는 우리 현실의 문제점을 직시하게 만드는 역사적 교훈이다.

1800년대 말 도시 공장 노동자들의 모습

사회민주당이 바꾼 덴마크 사회, "노동이 소중한 사회로"

덴마크 현대사에서 역사적 사건으로 평가되는 '9월 대타협'을 이끈 사람은 당시 덴마크 사회민주당 의장이었던 크리스티안 크누드셴(Peter Christian Knudsen, 1848~1910)이다. 사회민주당은 덴마크 노동자들이 주축을 이루어 만든 정당으로 9월 대타협 이후 덴마크의 주요 정치 세력으로 성장했다. 그리고 100년이 지난 지금까지도 국민들의 지지를 받는 정당으로 자리 잡았다. 무엇보다 사회민주당의 활약은 노동의 가치와 노동을 바라보는 덴마크인들의 시선을 바꾸어놓았다.

여기서 말하는 노동자란 공무원, 회사원 등 월급을 받는 대부분의 사람들을 말한다. 경제학자 칼 폴라니(Karl Polanyi, 1886~1964)는 인간의 노력인 노동과 자연이 인간에게 빌려준 땅(부동산)은 돈으로 거래해서는 안 된다는 주장을 하기도 했다. 물론 타인의 노력을 평가하고 그 가치를 돈으로 매긴다는 사실이 좀 비인간적으로 느껴지긴 한다. 하지만 노동을 돈으로 바꿔야 하는 것이 현실이라면 그 가치를 좀 더 높게 측정할 수도 있을 것이다.

사회민주당은 100여 년의 시간 동안 덴마크 사회에서 노동의 가치를 높이는 데 앞장섰다. 덴마크에서는 자동차 정비공이나 미용사

덴마크 노동조합 깃발(덴마크 코펜하겐 노동자 박물관)

가 되어도 인건비가 높으니 생활에 큰 어려움이 없다. 그들을 바라 보는 시선 역시 모두 평등하다. 이렇듯 노동의 가치 상승은 판사, 의 사만큼 미용사, 정비사도 대접받는 사회를 만들었다.

tip
한국의 '노동절'은 왜 '근로자의 날'이 되었나?

●●● 2017년, 대통령 선거로 대한민국 전역이 후끈 달아오를 때다. 당시 치열한 경쟁을 펼쳤던 4명의 주요 후보 중 특히 노동자들을 대변한다는 정당의 후보에게 사람들은 많은 관심을 보였다. '노동이 당당한 사회'라는 그의 구호는 많은 국민들의 공감을 얻었다. 하지만 그럼에도 불구하고 그 후보가 대통령으로 당선될 거라고 믿은 사람은 거의 없었다. 여기에는 여러 이유가 있었겠지만 아마 한국인들이 가지고 있는 '노동'이란 단어의 부정적 이미지도 한몫했을 것이다.

광복 이후 한반도에서는 사유 재산을 인정하는 미국의 자본주의와 사유 재산을 인정하지 않는 소련의 사회주의(공산주의) 사이에 첨예 한 대립이 일어났다. 결국 소련의 힘을 입은 김일성은 한반도 북쪽 에 공산주의 체제를 선언하고 친일파, 특히 친일 기업가의 재산을 모두 몰수했다. 북쪽의 기업가들은 목숨만 유지한 채 쫓기듯 남쪽으 로 내려와야 했다.

반면 남쪽의 미국과 이승만은 사유 재산을 인정하며 특히 친일파 출신의 정치인들과 친일 기업가들의 재산을 거의 건드리지 않았다. 당시 미군은 우리 민족이 일본에게 느끼는 민족적 감정(반일 감정)보다 사회적 안정을 더 중요시했기 때문에 친일파 청산에 소극적이었다. 형국이 이렇게 돌아가니 남쪽의 정치인과 기업인들은 소련 공산당에 대한 반감(반공)과 미국 자본주의에 대한 동경(친미)을 중심으로 서로 이익을 공유하기 시작했다. 이른바 정치와 경제의 유착인 '정경유착'이 시작된 것이다.

하지만 그들에게도 눈엣가시가 있었다. 대한민국 헌법이었다. 일제 강점기 임시정부에서 만든 헌법을 수정·보완한 대한민국 초대 헌법 18조에는 "노동자들은 법률이 정하는 바에 의하여 이익의 분배를 고르게 받을 권리가 있다"라는 내용이 들어 있었다. 노동자들에게 월급만 주는 게 아니라 기업의 이윤 가운데 일부를 떼 주라는 것이다. 그들에게는 참 불편한 내용이 아닐 수 없다. 그리고 언제부터인가 이 조항은 헌법에서 슬그머니 빠져버렸다.

분단 이후 전혀 다른 이념의 정부가 생기면서 남북한은 서로를 헐뜯고 비난했다. 북한은 자신들의 독재에 저항하는 사람들을 '미 제국주의 앞잡이'라며 탄압했고, 남한의 이승만, 박정희, 전두환으로 이어지는 독재자들 역시 정권에 저항을 하면 '북한 노동당 앞잡이', 일명 빨갱이라 낙인찍으며 제거했다. 이러한 레드 콤플렉스는 지금까지도 이어져 남한 국민들에게 '노동'이라는 단어는 '빨갱이'라는 무섭고 불편한 이미지로 남게 되었다.

또한 노동 천시 현상은 '근로자의 날'이라는 명칭에서도 잘 나타난다. 대부분의 나라에서 '노동절(May day)'이라 부르는 이 기념일을 한국에서는 유독 '근로자의 날'이라 부른다. '노동자'는 돈을 투자해 공장을 만든 자본가와 자신의 노동을 투자해 물건을 만드는 노동자가 대등한 입장이라는 능동적인 느낌의 단어다. 그러나 '근로자'는 근면하게 노동을 하는 사람이란 뜻으로 기업이나 국가의 명령에 의해 열심히 일한다는 수동적인 뉘앙스를 풍긴다.

생각해보면 아무리 많은 돈을 투자해도 그것을 만들어내는 노동이 없으면 물건은 생산될 수 없다. 그래서 자본과 노동은 서로 존중하며 같이 공존해야 하는 것이다. 하지만 이런 공존의 역사를 갖지 못한 한국은 지금 OECD 국가 중 2번째로 노동 시간이 많은 나라이자, 국제노동조합총연맹(ITUC, 국제노총)이 조사한 '세계노동자권리지수' 보고서에서 최하 등급인 5등급을 받은 '노동인권이 보장되지 않는 나라'라는 오명을 쓰게 되었다.

tip
산업화 시대 노동 천시가 낳은 괴물, 입시

●●● '노동'은 소중하고 신성한 단어다. 인간은 모두 평등하고 인간이 하는 노력인 노동은 모두 값져야 한다. 그래서 대부분의 선진국들은 노동을 중시한다. 반면 후진국들은 그러지 못한

경우가 많다.

1960~70년대 산업화 시절, 기술력이 부족했던 한국산 제품은 저렴한 가격을 앞세워 수출을 했다. 제품 가격을 낮추기 위해 가장 만만한 노동자의 급여를 낮췄고, 노동자들은 받는 월급에 비해 더 많은 일을 해야 했다. 그 과정에서 상상을 초월한 노동 탄압이 이루어졌다. 밤샘 근무는 당연한 것이었고 심지어 잠 안 오는 주사까지 놓으면서 근무를 시켰다. 법과 현실은 전혀 다른 세상이었다.

이런 노동 천시 현상은 '대입 경쟁'이라는 새로운 사회적 괴물을 만들었다. "나는 비록 못 배워 공장에서 고생하지만, 내 자식만큼은 대학을 보내 와이셔츠에 넥타이 매게 만들어야겠다!"며 부모들은 자식들의 교육에 모든 것을 쏟아부었다. 좋은 대학으로의 입학은 신분 상승의 가장 중요한 요소가 되었고, 성적은 인간을 판단하는 가장 큰 기준이 되었다.

반장은 리더십과 관계없이 공부를 잘하는 학생이 되었고, 아무리 부도덕한 행동을 해도 성적이 좋으면 용서가 되곤 했다. 반면에 공부를 못하는 학생들에게는 "차라리 기술이나 배워라!"라며 기술학교를 추천했다. 심지어 과열된 입시 경쟁이 유명 입시학원 주변의 아파트 가격을 상승시키는 기이한 현상을 만들기도 했으니 노동에 대한 잘못된 인식은 결국 오늘날 한국 사회의 가장 큰 사회적 문제를 만들고 만 것이다. 만약 1960~70년대 한국도 덴마크처럼 조금 더 노동의 가치를 중시하고 부의 분배에 신경을 썼다면, 오늘날 대한민국의 망국병, 입시 지옥은 없었을지도 모른다.

유럽의 장인, 크리스티안 9세의 메시지

1901년, 권력의 일선에서 완전히 물러난 국왕 크리스티안 9세와 그의 아내를 덴마크 국민들은 '유럽의 장인, 장모'라 부른다. 크리스티안 9세의 둘째 아들은 그리스 왕, 손자는 노르웨이 왕이 되었고, 첫째 딸은 영국 왕비, 둘째 딸은 러시아 황후가 되었다. 그뿐

유럽의 장인이라 불리는 크리스티안 9세의 가족사진(덴마크 코펜하겐 크리스티안보르 궁전)

만이 아니다. 현재 재위하고 있는 유럽의 군주 중 덴마크 여왕 마르그레테 2세, 영국 여왕 엘리자베스 2세, 벨기에 왕 필립, 노르웨이 왕 해럴드 5세, 스페인 왕 펠리페 6세, 룩셈부르크의 앙리 대공 등이 모두 크리스티안 9세의 직계 자손이라고 하니 그야말로 글로벌한 다문화 왕실 가족이다.

그렇다면 한국 사회는 어떠한가. 2017년, 통계청의 조사에 따르면 한국 내 체류 외국인 수는 150만 명에 육박하고, 서울에는 신입생 모두가 다문화 학생으로 채워지는 초등학교까지 생겨나고 있다. 최소한 통계상으로는 글로벌 시대, 글로벌 사회가 되었다.

하지만 다문화 가정을 바라보는 한국 사회의 시선은 여전히 차갑다. 영국 BBC 뉴스는 이런 보도를 한 적이 있다. "한국인들은 전 세계에서 가장 보수적인 국민으로 외국인과의 결혼과 그 2세들을 부정적 편견을 가지고 보는 편입니다." 이 뉴스를 접한 것이 무려 2003년이지만, 변한 것은 별로 없다. 어떻게 하면 그들을 우리 사회의 구성원으로 포용할 수 있을까에 대한 고민보다는 줄어드는 출산율로 인한 인구 절벽을 걱정하며 자국민의 출산 장려 정책에만 혈안이 되어 있다. 심지어 출산율이 계속 줄어들면 나라가 사라질지도 모른다는 막연한 공포심을 조장하기도 한다.

독일은 100년 전부터 출산 장려 정책을 펼쳤지만 큰 결실을 보지 못했다. 그러나 효과적인 이민자 수용 정책으로 지금 독일인들은 전보다 더 풍요로운 삶을 살고 있다. 미국은 어떠한가! 천문학적 부를 창출하는 실리콘 밸리는 다문화 인재들이 만든 집단 지성의

산물이다. 다양한 민족이 만든 다양한 문화가 사회 전반적인 창의
력을 높였기 때문이다.

인구가 경쟁력이었던 산업화 시대는 이미 끝났다. 21세기 대한
민국은 작지만 강한 나라, 적은 인구지만 창의적 경쟁력이 뛰어난
나라가 되어야 한다. 이제는 우리도 단일 민족이라는 순혈주의의
틀에서 벗어나 우리와 겉모습과 문화가 다른 그들을 폭넓은 마음으
로 받아들여야 할 때이다.

예순 살 왕자님, 프레데리크 8세

———

크리스티안 9세의 뒤를 이어 아들 프레데리크 8세(Frederik VIII,
재위 1906~1912)가 왕위에 올랐다. 재미있는 사실은 그가 할아버지
의 나이가 되어 왕위에 올랐다는 것이다. 아버지 크리스티안 9세가
워낙 장수를 했기에 그는 환갑이 넘는 나이에도 왕자님으로 불렸으
며 63세가 돼서야 덴마크의 국왕이 될 수 있었다.

당시 국회는 노동자들이 만든 사회민주당과 농민들이 만든 자유
당이 집권을 하고 있었다. 지지자의 이익을 대변하는 정치의 특성
상 어느 사회든 소외되는 집단은 생길 수밖에 없다. 바로 이때 국왕
프레데리크 8세는 이들을 따뜻하게 안아주었다. 비록 명예만 남은
왕이었으나 그는 국민들 사이에서 많은 인기를 얻었다.

이처럼 지도자의 행동 하나가 사회 통합의 명분을 만들어주기

덴마크 사회의 어른으로서 많은 사랑을 받은 국왕 프레데리크 8세

도 한다. 한국에서도 전직 대통령들이 나라의 어른으로서 정파를
떠나 국민을 품어주고 상처를 치유해주는 모습을 볼 수 있었으면
좋겠다.

사회 대통합에 앞장섰던 토르발 스타우닝 덴마크 총리 사무실(덴마크 코펜하겐 노동자 박물관)

1912 ~ 1972

PART 7
대타협의 시대

제 1, 2차 세계대전을 거치면서 정부의 역할이 얼마나 중요한지 깨달은 덴마크 사람들은 정부가 추진하는 보편적 복지에 많은 힘을 실어주었다. 정부는 경제 위기 때마다 노사 간의 타협을 통해 오늘날 정치 선진국 덴마크의 초석을 만들었다. 냉전시대에도 덴마크 정부는 이념보다는 국익을 앞세우며 다양한 생각이 공존하는 사회를 만들어갔다.

HISTORY OF DENMARK

21
노블레스 오블리주의 실천!

군대 간 왕자, 크리스티안 10세
—

프레데리크 8세의 아들인 크리스티안 10세(Christian X, 재위 1912~1947)는 할아버지 크리스티안 9세가 워낙 오랜 기간 왕위에 있었기 때문에 오랫동안 왕세손으로서 왕실 교육을 받으며 성장한 인물이다. 물론 그 역시 여느 유럽 왕자들처럼 군사 교육을 받았다. 이러한 유럽 왕실의 전통은 '노블레스 오블리주(noblesse oblige)'의 정신에서 왔다고 할 수 있다.

노블레스 오블리주는 1300년대 프랑스와 영국 간의 백년전쟁 때 나온 말이다. 프랑스 도시 칼레가 영국군에게 함락당할 당시 영국군은 모든 시민을 살려주는 조건으로 누군가는 책임을 져야 한다며 6명의 목숨을 요구했다. 이때 칼레시의 가장 부자가 스스로 처

크리스티안 10세

형을 자처했고 그 뒤로 시장, 상인, 법률가 등의 귀족들이 동참했다. 이 소식을 들은 영국 왕은 6명의 희생정신에 감동하여 그들을 풀어줬다고 한다. 그 뒤 사회적으로 높은 신분은 그만큼의 도덕적 의무를 가져야 한다는 뜻의 노블레스 오블리주라는 말이 생겨났다.

생각해보면 당연하다. 사회 지도층의 부와 명예는 결국 일반 시민들로부터 나오기 때문이다. 특히 덴마크에서 사회적 책임은 너무나 중요한 의무이다. 덴마크 기업인들은 누구보다도 세금을 많이 낸다. 또 수익의 일부는 반드시 사회에 환원해야 한다는 경영 철학을 가지고 있다.

칼스버그의 사회적 책임

—

덴마크에서 노블레스 오블리주를 실천하는 대표적 기업 중 하나가 바로 맥주 회사 '칼스버그(Carlsberg)'다. 1840년대, 국왕인 프레데리크 7세는 술을 만드는 양조가들에게 덴마크 왕실을 대표할 세계적인 맥주를 만들라는 주문을 했다. 이때 J. C. 야콥센(J. C. jacobsen, 1811~1887)과 그의 아버지는 함께 새로운 공법을 연구하면서 맥주를 만들었고 드디어 '칼스버그'라는 이름의 맥주를 왕실에 바치게 되었다. 참고로 칼스버그는 야콥센의 아들 이름인 '칼(Carl)'과 언덕이란 뜻의 덴마크어 '버그(berg)'를 합친 말이다.

작은 기업으로 시작한 칼스버그는 아들 칼이 성장해 맥주 연구에 뛰어든 이후 '라거 맥주' 기술을 개발하며 점차 규모를 키워갔다. 오늘날 우리가 마시는 대부분의 맥주는 라거 맥주 방식으로 생산되고 있다고 하니 전문가들은 그의 발명을 맥주 역사를 바꾼 혁명적 기술이라고 말한다.

그 뒤 칼스버그는 세계적인 기업으로 성장했고 기업이 사회에 어떤 기여를 해야 하는지를 끊임없이 고민하고 행동으로 옮겨왔다. 특히 칼스버그는 문화재단을 통해 문화 발전에 많은 기여를 했다. 1800년대 화재 이후 사용되지 않던 '프레데릭스보르 성(Frederiks-borg)'을 박물관으로 만들자는 제안을 한 것도 칼스버그 창업자 야

덴마크를 대표하는 기업 칼스버그의 맥주 운반 마차

실험실에서의 J. C. 야콥센(1875년)

콥센이었다. 그 덕분에 1878년 개관한 덴마크 역사 박물관은 덴마크의 명소가 되었다. 그 외 '칼스버그 미술관(Ny Carsberg Glyptotek)', 덴마크의 상징인 '인어공주상', 북유럽 신화가 묘사된 '게피온 분수' 등이 모두 그의 후원으로 만들어졌다.

칼스버그는 덴마크 정부와 함께 문화, 예술계뿐 아니라 과학계에도 많은 지원을 하고 있는데, 세계적인 물리학자인 '닐스 보어(Niels Henrik David Bohr, 1885~1962)'도 그 수혜를 받았다. 이렇듯 맥주 회사 칼스버그는 덴마크 정부와 국민들을 위해 늘 노력하는 모습을 보였고 그 노력은 명성으로 돌아와 더 튼튼한 기업 경쟁력을 만들고 있다.

그렇다면 한국에서의 노블레스 오블리주는 어떨까? 우리에게 이 단어가 익숙한 이유는 이 정신을 실천하는 사람이 많아서가 아니라 워낙 실천하는 사람들이 없어서 역설적으로 강조되기 때문이다. 고위 관료들의 자녀들 중 이중 국적자는 헤아릴 수 없이 많고 납세, 국방 등 국민으로서의 의무 역시 솔선수범해서 피해가는 경우가 많다.

기업들은 어떠한가! 우리나라 대기업 회장들 중에는 징역형을 받은 경제사범들이 많다. 회사의 공금은 회장이라 할지라도 함부로 쓸 수 없는 돈이다. 투명한 경영을 통해 주주들에게 알려야 할 돈인 것이다. 그럼에도 수백억 원씩 몰래 훔쳐 사용하다 들켜 법원에 출두한다. 또 자식에게 회사를 물려주면서 납세(증여세)를 피하기 위해 온갖 불법적인 방법을 다 동원해서 탈세를 한다. 심지어 어떤 기

칼스버그의 후원으로 만들어진 코펜하겐의 명소, 칼스버그 미술관

덴마크의 상징이 된 인어공주상.
칼스버그 설립 50주년 기념으로 만들어진 인어공주상은 덴마크의 명물이 되었다.

업은 재단을 만들어 수백억 원을 빼돌린다는 혐의를 받고 있으니 노블레스 오블리주는 우리에게 아직은 먼 이야기인 듯하다.

누군가의 사회적 명성과 경제적 이득은 그 사회를 구성하는 다수의 노력의 결과물이다. 그래서 노블레스 오블리주는 더불어 사는 사회, 즉 공존을 위한 의무여야 한다.

22
제1차 세계대전과 덴마크

경제 제국주의 시대와 전쟁

크리스티안 10세가 즉위한 1912년, 유럽은 언제 깨질지 모르는 살얼음판이었다. 이미 1500년대부터 덴마크를 포함한 유럽의 나라들은 무역을 위해 해외 진출을 시작했다. 1800년대부터는 산업혁명을 통한 대량 생산이 가능해지면서 제품을 소비할 시장이 필요했다. 그들은 마치 경쟁이라도 하듯 아메리카, 아프리카, 인도, 아시아 등 전 세계 모든 나라를 식민지로 만들려 했고 이를 위한 나라 간의 경쟁 역시 나날이 치열해졌다. 역사에서는 이 시기를 '신제국주의' 또는 '경제적 제국주의(약소국을 경제적으로 수탈하기 위한 강대국 간의 경쟁)'라 부른다.

1900년대 들어서는 기술의 급속한 발전에 힘입어 탱크 같은 살상 무기의 개발 역시 가속화되었다. 결국 그들의 경쟁은 제 1차 세계대전이라는 비극을 낳고 말았다. 표면적 원인은 오스트리아-헝가리 제국과 세르비아 왕국 간의 갈등이었지만 그 안에는 극으로 치닫는 신제국주의의 경쟁이 있었다. 많은 유럽 국가들은 이 전쟁에 관여해 자국의 이득을 챙기려 했다. 승전국은 패전국의 식민지 경제권을 빼앗을 수 있기 때문이다.

하지만 이 대규모 전쟁에서 덴마크는 어느 편에도 속하지 않고 끝까지 중립을 지켰다. 물론 쉽지 않은 결정이었다. 덴마크 내에서는 전쟁에 참여하지 않으면 더 많은 불이익을 받게 될 것이라는 주장과 참전하면 안 된다는 주장이 상충했다. 특히 1917년, 독일 전함의 공격으로 덴마크 상선이 침몰한 사건이 발생하면서 참전을 지지하는 여론은 더욱 높아졌다.

그러나 계속되는 토론 끝에 결국 사회민주당이 참전 반대를 주장했던 보수당의 의견에 동의하면서 전쟁에서의 중립을 유지하게 되었다. 덴마크 정치인들은 국익이 무엇인가를 냉철하게 판단했고 치열한 논쟁 끝에 결정했다.

덴마크의 영토 확정

—

제 1차 세계대전은 독일 쪽 동맹국(독일 제국, 오스트리아-헝가리 제국, 오스만 제국 등)의 패배로 끝이 났다. 이때 덴마크 국왕 크리스티안 10세는 독일에게 빼앗겼던 슐레스비히 지역을 되찾으려 했다. 독일이 패전 상태였으므로 영토 수복에 좋은 기회였던 것이다. 많은 진통 끝에 이 지역 주민을 대상으로 투표가 진행됐는데, 투표 결과 북부 슐레스비히는 덴마크로 편입되고, 남부 슐레스비히는 독일에 그대로 남기로 했다. 물론 덴마크 의회는 투표 결과를 인정하고 받아들였다.

이에 국왕은 의회의 결정에 대해 강한 불만을 토로했고, 국회를 해산할 것을 명했다. 하지만 여론은 의외로 싸늘했다. 아무리 왕이라 하더라도 국민의 대표 기관인 내각을 해산시키려는 행위는 헌정 파괴라는 것이었다. 결국 수많은 사람들의 반발로 왕은 자신의

북부 슐레스비히의 덴마크 편입 축하 포스터

제1차 세계대전 이후 되찾은 북부 슐레스비히(초록색 부분)

결정을 취소하기에 이른
다. '부활절의 위기(Crisis
of 1920)'라 불린 이 사건은
덴마크 왕이 국민의 대표인
의회를 무시하고 왕권을 행
사하려 했던 마지막 사건이
었으며, 이를 계기로 왕실
은 완전히 국가의 상징적
존재로만 남게 되었다.

1920년 부활절의 위기. 국왕의 월권을 막으려 했던 덴
마크 국민들의 주권 운동이었다.

• 역사배틀 •
덴마크와 독일 vs 한국과 중국

●●● 덴마크 역사에서 시도 때도 없이 등장하는 슐레
스비히-홀슈타인 지역. 이곳은 유럽 본토에서 덴마크가 위치한 유틀
란트반도로 들어오는 길목에 위치해 지리적, 군사적, 역사적으로 매
우 중요한 곳이었다. 특히 이곳에 있는 '데인방벽(Danewirk)'은 수
천 년간 덴마크를 지켰던 상징적인 군사 요새였다. 800년경부터 만
들어지기 시작한 이 요새는 블루투스 왕이 독일의 침략을 막기 위해
확장했고 1848년, 프로이센(독일)의 침략에 대비해 방벽을 다시 보
강했지만 결국 함락당하면서 독일 영토에 편입된다.

독일 슐레스비히 지역에 위치한 데인방벽 박물관

하지만 영토가 넘어갔다고 그 역사까지 함께 넘어가는 것은 아니다. 이를 잘 아는 독일 정부와 덴마크 정부는 이 지역에 대한 공동 발굴 사업을 진행하는 것은 물론, 역사 공유 차원에서 이곳에 데인방벽 박물관(Danewirk Museum)을 건립했다. 박물관 운영비의 약 70%는 덴마크가 부담하고 있다.

오늘날 중국 영토 안에 역사의 흔적이 남아 있는 우리로서는 덴마크와 독일의 역사 공유가 부러울 따름이다. 지금의 중국 간도 지역에는 고구려, 발해의 역사 유적지가 많이 남아 있다. 대한민국 학계에서 이 지역의 유적지에 대한 공동 조사와 연구를 요청했으나 중국 정부는 이를 거절했다. 심지어 발해와 고구려를 중국 역사의 일부로 만들려 하고 있으니 매우 안타까운 일이다. 국적을 떠나 객관적인 역사를 후손들에게 전해주는 일은 현 시대를 살고 있는 우리의 의무이다. 하루빨리 역사 연구에 대한 공조가 이루어지기를 바랄 뿐이다.

레닌의 공산주의 혁명

●●● 제1차 세계대전 이후 가장 큰 변화는 당연 러시아의 급부상이었다. 러시아는 산업혁명 이후 많은 경제적 발전을 이루었으나 동시에 사회적 빈부 격차도 심각한 상황이었다. 게다가 전쟁으로 악화된 재정 문제는 러시아인들의 삶을 더욱 힘들게 만들었다. 이때 세계사를 바꾼 인물, 레닌(Vladimir Il'ich Lenin, 1870~1924)이 등장한다.

마르크스의 사상을 계승한 그는 급진적인 개혁을 통해서만 혁명을 이룰 수 있고 이를 위해서는 1당 정치(공산당)가 효과적이라고 주장했다. 공산주의란 사회주의 이론 중 사유 재산의 철폐 및 모든 구성원이 재산을 공동으로 소유하는 급진적 경제제도를 말한다. 급진적이고 파격적인 레닌의 공산주의는 마치 하루아침에 온 세상을 바꿔놓을 것만 같았다. 사람들은 점점 동조했고 공산주의 열풍은 자연스럽게 동유럽을 지나 덴마크로까지 넘어왔다.

자유 민주주의 국가 덴마크

덴마크에도 레닌 사상이 유행하더니 급기야 마틴 앤더슨 넥쇠(Martin Andersen Nexø, 1869~1854)를 대표로 하는 덴마크 공산당이 만들어졌다. 덴마크 공산당은 사유 재산의 국가 귀속 등 급진적 개혁안을 주장했다. 반면 기존의 사회민주당은 "국가가 시장 경제를 완전히 통제한다는 것은 사실상 불가능한 일이며 견제 세력 없이 공산당이 모든 것을 통제하는 독재는 결국 부정부패를 만들어 낼 것이다. 투명한 정책은 권력의 견제에서 나오고 건전한 견제는 투표를 통해 이루어지므로 자유 민주주의는 반드시 필요한 제도이다."라며 반박했다.

두 정당은 자신들의 정책을 주장하고 국민들을 상대로 설득에 나섰다. 그리고 그 결과는 투표를 통해 나타났다. 덴마크 공산당은 1940년대에 잠깐 인기를 얻었으나 정책 비전으로 국민들을 설득하

자유를 위해 싸우자는 공산당 포스터(왼쪽)와
반공을 위해 보수당에 투표하자는 보수당 포스터(오른쪽).
이 두 선거 포스터는 냉전시대 덴마크의 정치 상황을 잘 보여준다.

지 못해 3%의 지지율을 얻어 결국 사라지고 말았다.

덴마크처럼 자유 민주주의를 채택한 국가의 국민은 투표를 통해 정당을 선택한다. 만약 어떤 정당이 국민의 신뢰를 잃었다면 선거를 통해 자연스럽게 퇴출되는 것이다. 덴마크 공산당처럼 말이다. 그런데 2013년, 대한민국 정부가 국회 내의 한 정당을 해체시키는 사건이 일어났다. 이것은 반헌법적인 행위였다. 민주국가에서 정당의 형성과 해체는 국민의 몫이지 통치자의 권한이 아니기 때문이다.

덴마크인들은 덴마크 공산당의 손을 들어주지 않았다. 그러나 어떤 덴마크인도 공산당을 경멸하지는 않는다. 그들에게 공산주의는 수많은 이념 중 하나일 뿐이다.

덴마크인의 삶을 바꾼 '8·8·8 합의'

덴마크 공산당은 민중의 마음을 얻지 못했고 이는 오히려 사회민주당의 지지율이 더 높아지는 결과를 낳았다. 정당은 그 정당에게 투표한 사람들을 위한 정책을 펼치기 때문에 사회민주당은 노동자들의 권익 보호와 복지를 위한 정책에 많은 노력을 했다. 고용주들과의 타협, 정책 제시 그리고 보완책 마련 등 계속적인 협상이 이어졌고 1919년, 드디어 '하루 8시간 노동! 8시간 휴식! 8시간 수면!'이라는 정책 합의에까지 도달할 수 있었다.

'8시간 노동, 8시간 휴식, 8시간 수면'을 주장한 덴마크 노동자들

　　그들은 주장했다. "제품의 질은 노동자의 건강에 따라 달라지기 때문에 하루 8시간 노동이 가장 적당합니다. 그 이상 노동을 하면 불량품이 나올 수도 있으니 말이죠!" 이는 노동자들에게 좋은 정책이다. 그들은 또 주장했다. "노동자들이 만든 제품을 구입하는 사람 역시 노동자들이니 하루 최소 8시간 정도 그들이 가족들과 즐기며 쇼핑할 시간을 줘야 합니다. 그럼 소비 증가로 회사는 더 많은 이득을 얻을 수 있습니다." 듣고 보니 회사 입장에서도 좋은 정책이다. 그들은 마지막으로 한 번 더 주장했다. "국민의 대부분인 노동자들이 건강하면 복지 예산이 줄어들어 결국 그 혜택은 다시 국민들에

하루 '8시간 노동, 8시간 휴식, 8시간 수면' 관련 깃발과 1899년 체결된 노동헌법,
그리고 산업 재해를 당한 노동자의 신발(덴마크 코펜하겐 노동자 박물관)

게 돌아갑니다! 따라서 노동자들은 최소 하루 8시간 정도 수면을 취해야 합니다." 이 역시 듣고 보니 덴마크 정부와 국민들에게 좋은 소식이다.

사회민주당은 정책에 대해 반대하는 정당을 설득했고 법안을 통과시켰다. 이에 따라 덴마크 정부가 '하루 8시간 노동, 8시간 휴식, 8시간 수면' 정책을 시행한 것이 지금으로부터 100여 년 전인 1919년의 일이다. 우리가 3·1 독립 만세 운동을 하고 있을 때, 덴마크의 노동자와 회사, 그리고 정부는 합의를 통해서 이런 획기적인 정책을 시행한 것이다. 정책 시행 후 예상대로 제품의 질은 높아졌고, 노동자들에 의한 소비가 증가했으며, 이는 덴마크의 경제 발전으로 이어졌다.

23

위기를 기회로! 경제의 부활

덴마크를 강타한 미국발 경제 위기

제1차 세계대전 때 중립을 지켰던 덴마크는 전쟁터였던 유럽에 물자를 수출하면서 경기가 회복되었다. 하지만 종전 이후 미국발 경제 위기가 유럽 전역으로 불어닥치며 덴마크 역시 위기를 맞이했다. 마치 가을에서 겨울로 넘어가는 환절기에 더 추위를 느끼듯 종전 이후 덴마크 사람들이 느끼는 체감 경기는 최악으로 떨어졌다. 43.5%라는 역대 최고의 실업률은 1929년의 상황을 잘 말해준다. 공장의 기계가 돌지 않으니 노동자들은 월급을 받지 못했고 일부는 직장을 잃어야 했다. 급기야 노동자들은 파업을 하면서 정부에 해결책을 요구하기 시작했다.

tip
미국의 경제대공황

●●● 덴마크처럼 제 1차 세계대전 참전국이 아닌 미국은 전쟁의 틈을 노려 많은 물건을 유럽으로 수출했다. 게다가 폐허가 된 유럽의 각종 시설을 짓는 일에도 미국 회사들이 개입하면서 많은 이익을 냈다. 그러다 보니 미국 회사들의 주식은 계속 상승했고 미국인들은 은행에서 돈을 빌려 주식을 사들였다. 파는 사람들보다 사려는 사람들이 훨씬 많아지니 주식의 가치는 계속 올라갔다. 그러는 사이 검은 그림자가 드리웠다. 전쟁이 끝나고 10년이 지나

실직 후 일자리를 구하기 위해 줄을 서고 있는 덴마크의 구직자 행렬

면서 유럽의 경제가 안정을 찾은 것이다. 당연히 미국의 물건은 전보다 덜 팔렸다. 공장의 수익이 줄어드니 주주들에게 수익금을 나눠주지 못했고, 불안한 사람들은 너도나도 주식을 팔았다. 그 결과 주식 값이 폭락한 것이다. 미국 경제의 추락은 당연했다. 게다가 유럽에 돈을 투자했던 미국 회사들이 투자금을 회수하면서 그 여파는 유럽 전역으로 퍼지게 되었다. 이를 '경제대공황'이라 한다. 덴마크 역시 이 거대한 경제 위기를 피할 수 없었다.

위기는 기회! 경제 위기가 만든 덴마크 복지

계속되는 파업과 실업률 증가에 덴마크는 다시 고민에 빠졌다. 이때 자유당의 마드센 뮈그달(Thomas Madsen-Mygdal, 1876~1943)은 "아프면 굶는 것이 상책이다! 그러니 세금을 덜 걷어 국민들의 부담을 덜어주자!"라며 국가 재정 축소를 주장했다. 반면 사회민주당은 "이럴 때일수록 세금을 더 걷어 실업자를 구제해야 한다! 그래야 시장에 돈이 돈다!"라며 영국의 학자 케인즈(John Neville Keynes, 1852~1949)의 이론을 내세웠다.

두 당의 주장은 모두 일리가 있었다. 논쟁은 계속 이어졌고 그 결과 사회민주당이 자유당을 설득하는 데 성공했다. 이 '칸슬레르가데 타협(Kanslergade forliget)' 이후 정부는 걷은 세금으로 새로운 도로와 집을 건설하며 일자리를 만들어냈다. 많은 사람들이 다시 일자리를 얻었고 새로 지어진 주택을 저렴하게 이용할 수 있었다.

동시에 정부는 공장의 노동자와 사용자(경영자)를 불러 타협을 시도했다. "노동자를 해고하면 지금 당장은 돈을 절약할지 모르나 결국 더 많은 사회적 부담이 드는 것이니 해고를 최소한으로 해달라." 또한 노동자들에게는 "동료가 해고되면 그 해고된 동료를 위해 정부는 세금을 써야 한다. 결국 그 부담은 당신에게 가는 것이니 월급을 낮추고 동료의 해고를 막자!"며 타협안을 제시했다. 이를 노동자, 사용자(경영자), 정부의 타협인 '노사정 타협'이라고 한다. 덴마크는 이런 대타협정신으로 전 세계를 강타한 경제 위기를 극복하고 오히려 가구당 소득을 늘리는 놀라운 결과를 만들어냈다. 이 합의는 덴마크인들의 뇌리에 매우 강하게 각인되어 오늘날 덴마크에서 타협이 하나의 문화로 자리 잡는 계기가 되었다.

또한 사회민주당은 전국 노동조합과 같은 목표를 가지고 협력하며 일명 '노동자를 요람에서 무덤까지'라는 정책을 만들었다. 그리고 그 중심에는 사회민주당을 이끌었던 총리 토르발 스타우닝(Thorvald August Marinus Stauning, 1873~1942)이 있었다.

그는 담배공장 노동자 출신으로 덴마크 총리에 오른 인물이다. 1934년, '민중을 위한 덴마크' 프로그램을 만들어 더 많은 일자리와 더 나은 주거 그리고 사회적 권리를 주장했고, 세금을 늘려 농민과 실업자에게 보조금을 지급하자는 타협안을 제시해 야당의 동의를 이끌어냈다. 지금까지도 그는 이념을 떠나 덴마크 사람들의 존경을 한 몸에 받고 있는 정치인이다.

1935년의 선거 포스터에 적힌 문구인 "스타우닝 아니면 혼돈".
스타우닝은 노동자 출신의 총리로 이념을 떠나 온 국민의 존경을 받은 정치가이다.

타협으로 키운 회사 '레고'

오늘날 덴마크는 노동자와 사용자(경영자) 간의 갈등(노사 갈등)이 적은 나라로 유명하다. 어떤 갈등도 타협을 통해 해결이 가능하다는 역사를 경험했기 때문이다.

그리고 '타협'이라고 하면 '레고(LEGO)'를 빼놓을 수 없다. 전 세계 어디서나 볼 수 있는 레고는 사실 너무나 단순한 플라스틱 블록에 불과하다. 하지만 여전히 세계인의 사랑을 한 몸에 받고 있는 베스트셀러 장난감이다.

레고를 만든 사람은 목수였던 올레 키르크 크리스티안센(Ole Kirk Christiansen, 1891~1958)이다. 그가 레고를 만든 1932년은 미국에서 시작된 대공황의 여파가 덴마크까지 미칠 때였다. 경기가 침체되어 일거리가 줄어들자 그는 뭘 해야 하나 고민하다 심심풀이로 나무 장난감을 만들기 시작했다. 단순한 나무 장난감은 생각보다 잘 팔렸고 그는 '레고'라는 이름의 장난감 회사를 설립하게 된다.

레고란 '레그 고트(leg godt, 재미있게 잘 놀다)'라는 뜻의 덴마크어이다. 지금도 많은 이들에게 영감을 주는 그의 명언이 있다. "간단한 것이든 복잡한 것이

레고의 창업자 크리스티안센

든 모든 장난감은 미완성인 채
로 판매됩니다. 목수 시절부터
줄곧 그랬습니다. 장난감에 생
명을 불어넣으려면 아이들의 손
길과 상상력이 닿아야 합니다."
그의 작은 장난감 회사는 여러
시련을 극복하며 세계 최고의
장난감 회사로 성장했다.

오늘날의 레고를 만든 크리스티안센의 목각 오리인형

사람들은 의문을 갖는다. "레
고는 구글이나 애플처럼 최첨단 기술을 보유한 회사도 아니고 스티
브 잡스처럼 스타 경영자가 있는 것도 아닌데, 저 단순한 블록으로
어떻게 그 지위를 유지할 수 있을까?" 전문가들은 그 원인을 투명
경영과 주인의식에서 찾는다. 레고의 경영자는 단 1원의 사용처까
지 모두 투명하게 공개한다. 또한 평직원이 직접 임원회의에 참여
해 정책에 대한 직간접적 관여를 할 수 있다. 회사의 일이 내 일이
되는 것이다.

레고는 사실 가족 기업이다. 지금의 회장은 레고를 창업한 크리
스티안센의 손자이다. 하지만 경영과 소유를 철저히 분리하고 있어
사실상 모든 경영은 전문 경영인이 맡고 있다.

24
제 2차 세계대전과 덴마크

독일의 식민지, 덴마크

덴마크마저 힘들게 했던 유럽의 경제 위기는 독일 사회를 많이 변화시켰다. 독일은 제 1차 세계대전의 패전국으로 승전국에게 많은 배상금을 지불해야 했다. 게다가 미국 대공황 이후 독일 경제가 더 어려워지자 독일인들 사이에서는 차라리 공산주의 국가가 되는 것이 낫겠다는 말이 돌기 시작했다. 이런 분위기는 독일 내 부자들(자본가)을 긴장시켰고 이때 등장한 사람이 그 유명한 히틀러(Adolf Hitler, 1889~1945)다.

독일 자본가들은 히틀러를 후원했고, 히틀러는 특유의 연설로 대중을 압도하며 세력을 넓혀갔다. 그는 오직 게르만 민족만이 이 세상을 지배할 수 있다는 논리를 펼치며 '강력한 독일'을 외쳤다.

히틀러가 만든 정당이 바로 '민족 사회주의 독일 노동당(나치, Na-zis)'다. 하지만 이름과 달리 나치당은 노동, 사회주의 같은 단어들과 아무런 관계가 없었다.

당시 이탈리아, 일본은 독일과 비슷한 분위기였는데 이들의 공통점은 개인이 국가를 위해 희생해도 된다는 '전체주의'를 강조했다는 것이다. 결국 이 세 나라는 인류사 최대 비극인 제 2차 세계대전을 일으키고 만다.

독일의 히틀러에게 타민족은 제거의 대상이었다. 특히 그는 유대인을 매우 증오했다. 나치 정권은 유대인들을 아우슈비츠 등의 포로수용소로 보내 강제로 노역시켰고, 노역에 동원할 수 없는 이들은 가스실로 보내 잔인하게 죽였다. 이런 나치 정권의 유대인 대학살을 '홀로코스트(Holocaust)'라고 한다.

1940년, 나치의 광풍은 덴마크에도 어김없이 불어닥쳤다. 독일이 덴마크를 침공한 것이다. 북유럽 노르만족은 독일과 같은 게르만족이었기 때문에 다행히 덴마크 사람들은 학살에서 제외될 수 있었다. 독일은 덴마크를 접수한 후 동부전선 전쟁에 필요한 물자를 조달받았다. 사실상 덴마크는 독일의 식민지로 전락했다.

나치 정권의 이런 잔인함에 덴마크 국왕 크리스티안 10세는 분개했다. 특히 인간 교배 실험장이었던 나치의 '레벤스보른(Lebens-born)' 정책은 만행 그 자체였다. 나치 정권은 게르만족의 특징인 파란 눈의 금발인 아이들을 생산하기 위해 독일인뿐만 아니라 네덜란드, 벨기에, 덴마크, 노르웨이의 여성들을 모아 강제로 임신시키

제 2차 세계대전 당시 덴마크 코펜하겐의 독일군

고 아이를 양육하게 했다. 이에 크리스티안 10세는 항의의 뜻으로 덴마크 왕궁에 걸린 나치 깃발을 내렸다. 또 덴마크 내의 유대인을 구하기 위해 전 국민에게 '노란 별 운동'을 명령했다.

전설이 된 '노란 별 운동'
—

지금의 이스라엘 국기에서도 찾아볼 수 있는 별 모양은 유대인

의 상징과도 같다. 나치 정권은 유
대인들을 구분하기 위해 노란색
별 모양의 마크를 달게 했고 '게
토(ghetto)'라 불리는 특정 지역에
감금시켜 굶겨 죽이거나 수용소
로 끌고 가 강제노역을 시켰다. 이
런 상황 속에서 크리스티안 10세
는 모든 덴마크 사람들에게 노란
별을 달게 해 유대인과의 구분을

히틀러의 나치가 덴마크 내 유대인을 구
별하기 위해 붙였던 노란 별 마크(덴마크
코펜하겐 유대인 박물관)

어렵게 했다. 그 덕분에 약 7,000명의 덴마크계 유대인이 중립국이
었던 스웨덴으로 망명하여 목숨을 구했다고 한다.

또한 크리스티안 10세는 시간이 날 때마다 호위병 한 명만을 데
리고 코펜하겐을 돌면서 주권을 포기하지 않을 것임을 알렸다. 이
런 왕실의 노력에 많은 덴마크인들도 레지스탕스(Resistance, '저항
세력'이라는 뜻의 프랑스어)가 되어 독일 저항 운동에 동참했다.

1945년, 끝나지 않을 것만 같았던 제 2차 세계대전은 결국 독일
의 패전으로 끝이 났고 덴마크 역시 해방을 맞이했다. 전쟁 기간 동
안 국왕 크리스티안 10세는 국민들과 함께 나치 정권에 대항했고
그가 보여준 저항 정신은 국가 통합의 구심점 역할을 했다. 1947
년, 그의 장례식에선 누군가가 덴마크 레지스탕스들이 착용했던 완
장을 관 위에 올려놓았다고 한다.

물론 이 이야기들을 단순히 국왕의 영웅담으로 치부할 수도 있

제 2차 세계대전 중 매일 아침 홀로 말을 타고 도심을 다녔던 크리스티안 10세

다. 그러나 역사적 사실을 떠나 나라가 위기에 처했을 때 가장 먼저 앞장섰던 지도자의 이야기는 많은 사람들에게 용기와 희망을 주었다. 크리스티안 10세는 지금도 덴마크 사람들에게 존경받는 왕으로 기억되고 있다.

25

냉전시대와 덴마크

미국 줄에 선 덴마크

———

크리스티안 10세의 뒤를 이어 즉위한 프레데리크 9세(Frederik IX, 재위 1947~1972)는 왕세자 시절 아버지와 함께 나치 독일에 저항했다. 그리고 그는 역사상 가장 급변의 시대에 왕이 되었다. 이 시기 덴마크는 국내적으로는 개혁을, 국외적으로는 냉전시대를 맞이하고 있었다.

제 2차 세계대전 중 유럽의 많은 자본이 전쟁을 피해 미국으로 흘러들었고 미국은 또 한 번 전쟁의 수혜를 누렸다. 한마디로 제 1, 2차 세계대전은 오늘날 세계 최강 미국을 만든 원동력이 된 셈이다. 이때 미국의 대항마로 등장한 나라가 소련이다. 소련은 공산주의를 기반으로 러시아 등 15개국이 연합한 나라다. 그들은 연일 미

어린 프레데리크 9세를 중심으로 왼쪽은 할아버지 프레데리크 8세,
오른쪽은 아버지 크리스티안 10세, 그 뒤는 증조 할아버지 크리스티안 9세.
(덴마크 코펜하겐 크리스티안보르 궁전)

냉전시대 미국 진영을 선택한 덴마크를 풍자한 그림

국의 자본주의를 비판했
다. 물론 가만히 있을 미국
이 아니었다. 미국 역시 자
본주의 국가들을 포섭해
대결 구도를 이어갔다.

　단지 생각이 다르다는
이유로 대립이 지속되었
다. 총을 쏘며 싸우지는 않

지만 왠지 금방이라도 전쟁이 날 것 같은 싸늘한 분위기였다. 이 시
기를 '냉전시대'라 한다. 한쪽이 지면 끝이 나는 열전(일반적인 전쟁)
에 비해 냉전은 직접 싸우지는 않으면서 계속해서 군비만 증가시키
는 이상한 형태로 커져갔다. 냉전시대, 특히 미국의 영향력 아래 있
었던 서유럽과 소련의 영향을 받는 동유럽 사이에는 팽팽한 긴장감
이 흘렀다. 그리고 덴마크는 그중 미국을 선택했다.

한국전쟁과 덴마크

　계속되던 냉전은 1950년, 하필이면 한반도에서 열전이 되고 만
다. 한국전쟁이 터진 것이다. 한국전쟁은 많은 나라들이 참전한 사
실상의 국제전이었다. 당시 미국은 같은 진영이었던 덴마크에 파병
을 요청했지만 덴마크는 쉽게 응할 수 없었다. 비록 미국의 편에 있

한국전쟁에 참전하는 덴마크 병원선 유틀란디아 호 관련 신문기사

었지만 소련과 동유럽 국가들이 덴마크 근처에 위치해 있었기에 혹시라도 한국전쟁이 유럽으로 번질 경우 난처한 입장에 처할 것이 뻔했기 때문이다. 계속 미국과 소련의 눈치를 살피던 덴마크는 파병 대신 적십자 병원선을 보내기로 결론을 내렸다. 냉전시대 이념의 갈등을 피하면서도 생색을 낼 수 있는 묘책이었다.

덴마크 병원선 '유틀란디아 호'는 적십자정신을 강조하며 남한 민간인과 군인들은 물론 북한군 환자까지 치료를 확대하려 했다.

한국전쟁 참전 기념비(덴마크 코펜하겐)

하지만 북한군 치료는 미국의 반대에 부딪쳐 실제로 이루어지지는 못했다고 한다. 덴마크 코펜하겐 부두에는 1990년, 한국전 참전용사회가 기증한 관련 기념석이 남아 있다.

분배의 토대, 보편적 복지의 탄생
—

한국전쟁 이후인 1960년대, 제 2차 세계대전의 피해가 복구되며 유럽 경제는 조금씩 회복세를 보이고 있었다. 이는 덴마크에게는 좋은 기회였다. 전쟁의 피해가 상대적으로 적었던 덴마크는 유럽의 경제 성장에 힘입어 많은 물건을 수출했다. 하지만 덴마크의 경제 규모가 커질수록 사회적 빈부 격차는 심해졌다. 특히 사회 저소득층의 소외감이 커졌다. 이때 총리 오토 크락(Jens Otto Krag, 1914~1978)을 중심으로 덴마크 정부는 부자건 가난한 사람이건 덴마크 국민이라면 누구나 똑같은 복지 혜택을 누릴 수 있는 보편적 복지 정책을 제시했다. 오늘날 덴마크 사회를 바꾼 일명 '미래를 위한 운동'이다. 하지만 이를 위해서는 더 많은 세금이 필요했으므로 반대의 목소리도 높았다. 특히 "세금을 더 걷는 것보다는 차라리 국민의 소득에 따라 가난한 사람들에게 더 많은 혜택을 주자!"는 선택적 복지를 주장하는 사람들도 있었다.

1954년, 파업한 노동자들을 위해 성금을 모금하는
덴마크 사람들의 모습에서 그들의 연대의식을 엿볼 수 있다.

야당과의 타협은 필수였다. "정치란 지금이 아닌 미래를 위한 정책을 구상하고 실행하는 행위입니다. 이 정책의 혜택은 결국 우리가 아닌 우리 아들딸이 받는 겁니다. 우리, 미래를 봅시다!" 정부는 법안을 반대하는 국회의원들을 한 명씩 만나며 설득하기 시작했다. "은퇴자에게 매달 일정액의 연금을 제공한다면 은퇴자는 그 돈으로 자신과 가족들을 위해 빵을 삽니다. 그럼 농부와 빵집 사장님이 돈을 버는 것 아니겠습니까! 그러니 이런 연금 제도는 결국 우리 모두를 위하는 일입니다." 정부는 많은 시민 단체를 대상으로 정책 설명과 설득을 진행했고 마침내 1956년, 반대하던 야당도 이 국가 연금 정책에 동의했다. 이 정책은 1976년의 사회보장법으로 발전했고, 이를 통해 오늘날 전 세계인이 부러워하는 덴마크의 '보편적 복지 제도'의 틀이 만들어졌다.

사람들은 이런 제도가 단지 정치인들의 합의로 이루어진 것으로만 생각한다. 그러나 이 제도의 가장 큰 핵심은 세수 증가이다. 세금을 더 걷어서 가난한 사람들이 중산층이 될 수 있는 기회를 제공해줘야 한다는 것이 이 제도의 취지였으니, 국민적 합의가 없이는 결코 이룰 수 없었던 일이다. 협상이 성공할 수 있었던 것은 '당장은 조금 손해를 보더라도 결국은 서로 이익이다'라는 공감대가 형성되었기 때문이다. 역시 한순간 만들어진 명성은 없다. 그룬트비 목사는 다음과 같이 말했다. "부자가 적고 가난한 사람들이 그보다 더 적을 때 우리 사회는 더욱더 풍요로워집니다."

의자 덕후, 덴마크 사람들

정치적 안정과 국제 경제의 호황으로 1960년대 덴마크는 '완전고용'이라는 신화를 달성했다. 실업자가 거의 없었다는 뜻이다. 대부분의 국민들이 일을 하게 되면서 정부는 많은 세금을 걷을 수 있었고, 이 중 일부는 아이들의 돌봄 서비스 정책에 사용되었다. 아이가 태어나면 정부가 돌봐주는 셈이다. 이제 엄마들도 아이를 맡기고 일을 할 수 있는 시간적 여유가 생겼다. 그러니 맞벌이가 가능해져 가계 소득이 높아졌고, 소득의 증가는 소비로 연결되었다.

게다가 덴마크 전역에 TV가 보급되면서 광고를 통해 더 많은 소비가 이루어졌다. 미디어가 선도하는 '유행'의 주기는 더욱 짧아졌고 유행을 따라잡기 위한 더 많은 소비가 발생했다. 이는 또 하나의 블루오션을 만들어냈다. 바로 가구 인테리어 산업이다.

덴마크 사람들은 옛날부터 인테리어 디자인에 관심이 많았다. 덴마크가 위치한 북유럽은 겨울이 길뿐더러 오후 3~4시면 해가 지기 때문에 실내 활동이 많다. 덴마크 사람들이 인테리어, 가구 디자인에 관심을 갖는 건 당연한 일이다. 그들은 말한다. "인생은 시간의 연속이고, 그 시간을 보내는 공간이 바로 집이고, 그 공간에는 가구가 있다."

생각해보면 우리는 학교나 직장에서 종일 의자에 앉아 있다. 집으로 돌아오면 소파에 앉아 TV를 보거나 식탁에 앉아 밥을 먹고 책상에서 공부를 하고 침대에 누워 잔다. 가구는 늘 우리 곁에 있다.

세계적인 가구 디자이너 아르네 야콥센의 작품.
앞쪽부터 The Drop Chair(1959), The Egg(1957), The Swan(1959).
(덴마크 코펜하겐 디자인 박물관)

바 이 킹 을 탄 이 순 신

특히 의자는 더욱 그렇다.

"학창 시절, 당신은 농구화에 10만 원 이상을 쉽게 투자했죠. 하지만 의자를 살 때 당신은 농구화만큼의 가격에도 망설입니다. 그 시절 일주일에 몇 번 농구를 하셨나요. 지금 일주일에 몇 시간 의자에 앉아 계세요? 좋은 의자는 자신을 위한 투자입니다!" 모 의자 회사의 광고 문구처럼 덴마크 사람들은 첫 월급을 타면 가장 먼저 의자를 산다고 한다. 그만큼 의자는 그들에게 중요한 가구인 것이다. 덴마크의 가구 사랑은 '북유럽 디자인'이라는 장르로 발전하여 오늘날 전 세계 사람들의 마음을 사로잡고 있다.

• 역사배틀 •
디자인 강국 덴마크 vs 디자인 입시 강국(?) 한국

●●● 가구에 대한 덴마크 사람들의 관심은 아르네 야콥센(Arne Jacobsen, 1902~1971)과 핀 율(Finn Juhl, 1912~1989) 같은 세계적인 디자이너를 배출했다. 덴마크 가구 디자인은 전체적으로 단순한 형태지만 시간이 지나도 결코 싫증 나지 않는다는 특징이 있다. 주변에서 흔히 볼 수 있는 일명 '에그 체어(egg chair)'의 원조가 바로 아르네 야콥센의 작품이다. 지금 봐도 감각적인 이 의자가 반세기도 훨씬 전에 덴마크에서 디자인된 것이다.

한국에는 덴마크보다 훨씬 많은 미술대학과 미술학원이 있다. 물론

세계적인 가구 디자이너 핀 율

교육열은 비교조차 안 된다. 한국 학생들은 미대 진학을 위해 밤낮을 가리지 않고 미술학원에서 시간을 보내니 말이다. 또 매년 미술 대학을 졸업한 인재들이 사회로 쏟아져나온다. 그러니 당연히 세계 최고의 디자인 강국이 되어야 하지만 현실은 그렇지 못하다. 반면 인구가 우리의 10분의 1에 불과하고 미술학원도 별로 없는 덴마크는 세계적인 디자인 강국이 되었다. 왜일까?

창의력이란 자유로운 분위기 속에서 좋아하는 일에 몰입할 때 나온다. 미대 입시 스트레스가 없는 덴마크 아이들은 자유롭게 자신이 좋아하는 그림을 그리며 창의력을 키운다. 이미 어려서부터 아티스트가 되어 있는 것이다. 반면 우리나라는 치열한 입시 경쟁으로 미대 합격의 결정적 기준이 그림 실력이 아닌 수능 점수가 되는 촌극이 벌어지기도 한다.

냉전이 만든 저항 문화, 히피

한국전쟁 이후 냉전은 더욱더 심해졌고 급기야 두 이념은 베트

남에서 또다시 충돌하고 만다. 당시 베트남의 지도자 호치민(Ho Chi Minh, 1890~1969)은 공산주의자였다. 미국은 동남아시아까지 세력을 넓히고 있는 소련 공산주의의 확장이 부담스러웠다. 결국 1964년, 베트남 통킹만(Gulf of Tongking)에서 베트남군이 미국 구축함을 공격했다는 이유로 베트남전쟁(1955~1975)을 일으키고 만다(나중에 알려진 사실이지만 통킹만 사건은 미국의 자작극이었다).

베트남전쟁은 미국 사회에 많은 변화를 일으켰다. 전쟁 중 미국 정치인들은 언론을 통제하며 전쟁을 미화시켰고, 사회 규범은 점점

1969년 설립된 덴마크의 여성운동단체인 레드스타킹(Redstocking).
그들은 '계층의 자유 없이 여성의 자유도 없다. 여성의 자유 없이 계층의 자유도 없다'를 외쳤다.

더 강화되었다. 그럴수록 젊은이들 사이에서는 사회에 반발하는 움직임이 일어났다. 그들은 전쟁을 반대했고, 유행을 따르는 패션을 거부했다. 그리고 기존의 남성 중심적인 사회를 비판하며 여성 인권을 외쳤다. 탈사회적 행동을 시작한 것이다. 이들을 '히피(hippie)족'이라고 불렀는데 히피족의 언행은 자유를 상징하는 문화가 되어 전 세계로 퍼져나갔다.

다양성과 타협의 상징, 크리스티아나 타운
—

히피 문화는 덴마크 젊은이들에게도 영향을 미쳤다. 그들은 기존의 관습과 제도에 반항하는 목소리를 냈다. 그러던 중 수도인 코펜하겐에 위치한 해군 기지가 폐쇄되면서 이곳에 노숙자, 동성애자, 미혼모 등 사회 취약 계층이 모여들기 시작했다. 왠지 무법 도시가 연상되지만 그들은 나름의 법을 정하고 공동체를 형성했다. 그들의 모토는 "세상의 모든 금지를 금한다!"였다. 사람들은 이곳을 '크리스티아나(Christiania)'라 불렀고, 병원, 유치원, 식당 등이 들어서면서 하나의 타운이 되었다.

물론 그들의 점거 행위는 불법이었다. 당연히 갈등도 생겼다. 그러나 덴마크 정부는 그들과 타협했다. 또 대립되는 의견에 대해서는 해결책과 조건을 제시했다. 수많은 토론 끝에 1972년, 정부는 입주자가 전기세, 수도세 등을 지불하고 공공의 이익을 해치는 일

1970년대 크리스티아나 타운 사람들

코펜하겐의 명소 크리스티아나 타운은
어쩌면 우리가 꿈꾸는 미래 도시의 모습을 보여주고 있는지 모른다.

을 하지 않는다면 이 타운을 하나의 사회적 실험으로 여기고 거주를 허락하겠다고 공포했다. 정부의 규제를 받지 않는 자치타운으로 인정한 것이다. 타협 문화의 결실이었다.

오늘날 코펜하겐의 명소가 된 크리스티아나 타운은 우리에게 미래 도시의 모습을 보여주고 있는지도 모른다. 어쩌면 같은 생각을 가진 사람들이 모여 자치를 이루며 살아가는 곳이 미래 도시가 아닐까?

tip
타협 없이 불가능한 덴마크 정치 제도

●●● 크리스티아나 자치타운의 예처럼 덴마크의 타협 문화는 의회에서 나온다. 의회의 구성은 크게 양당제와 다당제로 구분된다. 미국이나 한국 등의 나라는 주로 대형 정당 2개가 경쟁을 하는 구조이다. 이를 양당제라고 하는데, 이 경우 빠른 정책 결정 등의 장점도 있지만 거대 정당이 작은 소수당의 의견을 무시한 채 독단적으로 정책을 처리하는 상황이 발생한다. 게다가 힘이 강한 2개의 거대 정당이 서로 경쟁하는 구조이기 때문에 정당 간의 타협도 쉽지 않다.

반면 덴마크의 의회는 작은 규모의 군소 정당들이 많은 다당제로 구성되어 있다. 가장 큰 정당인 사회민주당 역시 전체 의석수인 179석 중 고작 40~50석을 차지하는 정도다. 그래서 선거가 끝나면 이념이

덴마크 의회 내부. 길게 세워진 마이크는 서서 일하는 덴마크 의원들을 상징적으로 보여준다.

나 정책이 비슷한 정당끼리 연합해서 90석 이상을 확보해야 한다. 대한민국은 의원 수와 관계없이 대통령을 배출한 정당이 정부 여당이 되어 국정을 운영하지만 덴마크는 총 179명 중 절반 이상, 즉 90명 이상의 국회의원이 같은 팀으로 모여야 정부가 구성된다. 그러니 팀을 이루기 위해서는 다른 당의 의견을 수렴할 수밖에 없다.

예를 들어 사회민주당이 50석을 얻었다. 그러나 90석 이상을 확보해야 정부를 구성할 수 있기 때문에 어떻게든 다른 정당을 자신의 편으로 끌어들이려 노력한다. 만약 3석의 녹색당이 있다면 녹색당은 친환경 정책을 함께 추진하자는 약속을 통해 같은 편이 되어줄 수 있다. 소수 정당에게도 정책 실현의 가능성이 열리는 것이다. 이처럼 덴마크 국회는 타협을 하지 않으면 정권을 잡을 수 없으며, 비록 소수 정당일지라도 얼마든지 자신의 정책을 반영시킬 수 있는 구조다.

평등 사회의 상징이 된 덴마크 자전거

1972 ~ 현재

PART 8
보편적 복지 시대

SOMERSBY

냉전 이후 신자유주의의 확대는 전 세계적으로 빈익빈 부익부라는 부작용을 낳았다. 그러나 덴마크는 '보편적 복지'와 '노동 유연성'이라는 독특한 사회보장제도로 그 위기를 극복했다. 또한 기나긴 토론과 타협을 통해 사회 구성원 전체의 합의를 이루는 숙의 민주주의는 덴마크 시민들의 정치 참여 의식을 한층 더 성숙하게 만들었다.

HISTORY OF DENMARK

26
국민이 만든 국가 정책

덴마크의 국왕, 마르그레테 2세

―

프레데리크 9세의 뒤를 이어 그의 딸인 마르그레테 2세(Mar-
grethe Ⅱ, 재위 1972~현재)가 왕위를 물려받았다. 북유럽 3국을 통일
했던 마르그레테 1세 이후 500여 년 만에 여왕이 즉위한 것이다.
덴마크 왕위 계승은 줄곧 왕자들에게만 이루어졌다. 따라서 아들이
없었던 프레데리크 9세의 남동생에게 왕위가 넘어갈 상황이었으나
1953년, 덴마크 국회는 남성이 아닌 여성도 왕위를 계승할 수 있도
록 법을 개정한다. 시대의 흐름을 읽은 것이다.

그녀는 비록 여성이지만 역대 국왕처럼 공군에 자원 입대해 복
무했고 군인으로서 모든 훈련을 받았다. 그녀 다음으로 왕위에 오
를 예정인 프레데리크(1968~현재) 왕세자 역시 해군에서 복무했으

마르그레테 2세(가운데)와 프레데리크 왕세자(오른쪽), 그리고 왕세손(왼쪽)
(덴마크 힐레뢰드 프레데릭스보르 성)

니 노블레스 오블리주는 덴마크 왕실의 당연한 전통으로 자리 잡았다. 마르그레테 2세는 성별을 떠나 덴마크의 국왕으로서 지금도 국민들의 존경과 사랑을 한 몸에 받고 있는 인물이다. 지난 2007년에는 한국을 방문했고 2018년에는 우리 대통령을 초청해 면담을 갖기도 했다.

남녀가 평등하지 못하면 비정상이다

바이킹시대부터 덴마크 여성은 먼바다로 원정 나간 남자를 대신해 집안의 크고 작은 일을 책임지고 이끌었다. 1800년대 들어 민중교육을 통해 여성의 사회 참여가 점점 활발해졌고, 1871년에는 덴마크 여성협회가 생겼다. 그리고 마침내 1915년, 여성의 투표권을 법적으로 보장받았다.

오늘날 덴마크의 남녀평등 지수는 OECD 평균인 63.9%를 훨씬 상회하는 77.6%이다. 남녀의 고용률 격차가 5%에 불과하다고 하니 사실상 완전한 남녀평등 사회라 할 수 있다. 이런 덴마크의 남녀평등은 가정에서부터 시작된다. 엄마와 아빠는 동등한 비율로 육아를 담당한다. 아빠의 육아 휴직은 너무나 당연한 일이다. 당연히 놀이에서의 남녀 역할에 대한 고정관념도 없다. 여자아이들이 축구를 하는 모습은 덴마크에서는 특별한 풍경이 아니다. 이렇게 성장을 한 아이들은 성별에 상관없이 직업을 고르고, 결혼 후에는 역시 그

덴마크 여성협회 깃발(1871년)

1915년, 덴마크 여성들의 참정권 획득을 기념하는 행진

들의 부모처럼 자녀들을 돌본다. 이미 남녀평등은 덴마크의 문화로 자리 잡은 지 오래다.

최근 들어 '젠더'라는 단어가 사회적 이슈가 되고 있는 한국의 남녀평등 지수는 59%로 평균을 밑도는 하위권이다. 그러나 역사적으로 보면 우리에게도 성평등 시대가 있었다. 바로 고려시대다. 남녀가 자유롭게 연애를 할 수 있었고, 남편이 죽으면 여자는 재혼을 할 수도 있었다. 그리고 본처의 자식과 첩의 자식이 모두 평등한 대접을 받았다. 호적은 남녀순이 아니라 나이순이었고, 제사도 장남만이 아니라 모든 자식들이 돌아가면서 지냈으며, 딸과 아들에게 똑같이 재산을 분배했다. 이외에도 고려시대의 남녀평등 문화는 셀 수 없을 정도로 많다.

하지만 이런 문화는 고려를 멸망시키고 조선을 개국한 세력에 의해 완전히 사라져버렸다. 그들은 성리학 사상을 시대 정신으로 내세워 남존여비 풍습을 조성했다. 게다가 일제 강점기에 들어온 남성 위주의 사무라이(무사) 문화, 그리고 광복 이후의 군사 정권에 의한 일명 마초 문화까지, 무려 600년의 시간은 한국을 남성 위주의 사회로 만들기에 충분한 시간이었다.

tip
중동 전쟁과 석유 파동

●●● 마르그레테 2세가 왕위에 오른 지 1년 후, 중동 지역의 석유 값 폭등(오일쇼크)으로 덴마크를 포함한 전 세계가 큰 충격에 빠졌다. 이스라엘과 주변 아랍 국가 사이의 지속적인 갈등은 전쟁으로까지 번졌고 전 세계 석유 생산량의 절반을 보유한 아랍 국가들이 의도적으로 생산량을 줄이며 석유 가격이 폭등한 것이다. '오일쇼크'라는 말 그대로 전 세계를 쇼킹하게 만든 사건이었다. 우리가 생활하면서 사용하는 거의 모든 물건에는 석유가 사용된다. 심지어 석유와 전혀 상관없어 보이는 채소와 물고기마저 그렇다. 채소를 옮기는 트럭, 물고기 잡는 고깃배 모두 석유로 움직이기 때문이다. 그러니 물건 값은 폭등했고 물건이 안 팔리니 실업자가 속출했다. 전 세계 대부분의 나라가 최악의 경제 상황을 맞게 된 것이다.

같은 위기 다른 대처, 중화학 한국과 친환경 덴마크

석유를 100% 수입하는 한국 경제 역시 석유 파동이라는 직격탄을 맞았다. 석유 값의 상승은 물가를 끌어올렸고, 가뜩이나 낮은 월급으로 고생하던 국민들은 소비를 더 줄였다. 이런 위기 속에서 한국 정부는 중화학 공업 육성 정책을 발표했다. 석유 관련 사업을 육성해 석유 가격 변동에 영향을 덜 받겠다는 것이었다. 하지만 결코 녹록지 않은 계획이었다.

중화학 공업은 규모가 워낙 커서 초기 투자 비용이 많이 들어가는 산업이다. 게다가 환경 문제 등을 이유로 세계적으로 그 규모를 줄여나가는 하향 산업이었다. 그러나 한국 정부는 많은 전문가들의 반대에도 불구하고 이 사업을 밀어붙였다. 불행히도 당시의 결과는 좋지 못했다. 무리한 투자로 망하는 기업이 속출했고 외국에서 빌린 돈을 갚지 못해 국가신용도는 낮아졌다.

그럼 덴마크는 어떤 선택을 했을까? 계속 석유에 의존하면 또다시 같은 위기를 겪게 될 것이라고 생각한 덴마크 정부는 친환경 에너지, 특히 풍력 발전에 주목했다. 반도와 섬이라는 덴마크 지형의 특성상 사방에서 강한 바람이 불었기 때문이다. 이후 50여 년간 꾸준하게 이어진 정책과 투자로 덴마크는 현재 전체 소비 전력의 40% 이상을 풍력 발전을 통해 얻고 있으며, 이 정책은 2050년까지 화석 에너지 제로 시대를 목표로 지금도 계속되고 있다. 뿐만 아니라 반세기 동안 개발한 풍력 발전의 노하우는 연간 수천 개의 일자리를 만들어내는 블루오션 산업으로 성장했다.

1970년대 덴마크의 풍력 발전기

숙의 민주주의의 원조, 덴마크의 시민합의회의

—

1970년대만 해도 친환경 에너지는 매우 생소한 분야였다. 당시의 대세는 가격 대비 효율이 좋은 원자력 에너지였다. 그러나 후쿠시마 원전 사태에서 알 수 있듯이 원자력 발전소는 사고가 나면 치명적이다. 반면 친환경 에너지는 초기 투자 비용이 많이 들지만 매우 안전하고 영구적이다.

당시 덴마크에서도 치열한 논쟁이 있었다고 한다. 사실 발전소라는 것이 일반인들이 이해하기엔 쉽지 않은 전문적인 분야다. 그렇다고 몇몇 전문가들의 손에 나라의 미래가 달린 정책을 맡길 수도 없었다. 그래서 덴마크는 시민참여 제도를 만들었다. 의사, 환경미화원 등 다양한 직종의 시민들은 몇 개월간 관련 자료를 검토하고 전문가들을 초청해 공부와 토론을 했다. 그렇게 모아진 시민들의 의견은 국회로 넘겨져 정책 결정에 중요한 참고 자료로 사용되었고, 이를 바탕으로 정부와 국회가 최종 정책을 만든 것이다.

꾸준하게 지속된 덴마크의 시민참여 운동은 1980년대부터 '시민합의회의'라는 제도로 정착되었다. 이것이 바로 '숙의 민주주의'다. 투표로 결정하기엔 너무 전문적인 분야를 시민 대표들이 심사숙고해서 의논하여 결정하고, 이를 참고해 정부가 정책을 결정하는 방식이다. 정책 결정이 중요한 이유는 당장 국민의 세금을 쓰는 일이기도 하지만 미래 후손들의 삶이 바뀔 수 있는 문제이기 때문이다. 그러나 대한민국은 그러지 못했다. 그 대표적인 사례가 4대강

민주적 절차에 의해 정해진 정책을 꾸준히 추진한 결과
덴마크는 전체 전력의 절반 가량을 풍력에서 얻고 있다.

사업이었다.

2008년, 4대강 정책을 추진한 한국 정부는 환경 단체나 문화재 관련 역사학자들의 의견을 무시한 채 무조건 밀어붙였다. 대통령 임기 안에 성과를 내야 했기 때문이다. 천문학적 세금이 들어간 이 정책은 결국 많은 부작용을 낳으면서 사실상 실패로 끝났다. 이뿐만이 아니다. 해외 자원 개발 정책 역시 숙의 민주주의 절차를 거치지 않고 무조건 추진하다 국민 혈세를 날렸다. 물론 책임지는 사람은 없었다. 이렇듯 잘못된 정치의 뒷감당은 늘 국민의 몫이다. 그래도 다행인 것은 최근 들어 우리도 숙의 민주주의 제도를 채택하는 비율이 높아지고 있다는 점이다. 얼마 전 이슈가 되었던 신고리 원자력 발전소 재건설 문제에 시민참여단의 숙의가 반영되었고 많은 지방 정부에서도 크고 작은 문제의 해결 방법으로 이 제도를 채택하고 있다.

tip
오일쇼크가 만든 신자유주의 열풍

●●● 덴마크와 한국 경제에 많은 영향을 미친 오일쇼크는 '신자유주의'라는 새로운 경제 패러다임을 만들어냈다. 제 2차 세계대전 당시 영국 정부 또한 덴마크처럼 국가 주도의 경제 정책으로 전쟁 속 위기를 극복했다. 국가는 공공의 이익을 위해 증세와 복

지에 많은 노력을 기울였다. 그로 인해 생활에 여유가 생긴 사람들은 더 많은 소비를 했고 공장은 더 많은 물건을 만들었다. 영국 역사상 가장 여유롭고 평등한 시대였다.

그러나 이런 분위기는 오일쇼크로 인해 오래가지 못했고 계속되는 경제적 불황 속에서 프리드먼(Milton Friedman, 1912~2006)과 하이에크(Friedrich von Hayek, 1899~1992) 같은 경제학자들은 "기업의 자유로운 경쟁은 더 질 좋고 저렴한 물건을 만들어내는 법이니 국가는 기업의 일에 간섭하지 않는 게 좋다. 전기나 수도 같은 공공제도 역시 사기업에 맡기면 경쟁 체제하에 더 질 좋고 저렴한 서비스를 제공받을 것이다."라는 주장을 했다. 쉽게 말하면 "국가는 시장에 대한 간섭을 최소화하라"였다. 이를 '신자유주의'라 부른다.

이 이론은 영국의 총리 마거릿 대처(Margaret Hilda Thatcher, 1925~2013)와 미국의 대통령 레이건(Ronald Wilson Reagan, 1911~2004)에 의해 주도적으로 실천되었다. 레이건은 이런 이야기를 했다. "경제 위기에서 정부가 할 수 있는 일은 없습니다. 가장 큰 문제는 정부 그 자체입니다!" 신자유주의 경제는 순식간에 전 세계로 퍼져나갔다.

tip
신자유주의 열풍이 만든 신자유주의 역풍

●●● 기업의 최종 목표는 이윤 추구다. 규제 완화 등

다양한 혜택을 받은 기업들은 시간이 지날수록 더 많은 돈을 벌었다. 그러나 그만큼 사람들이 고용되지는 않았다. 사람의 빈자리는 로봇이 채웠고, 또한 기존의 노동자에게는 더 많은 일을 시켰다. 전에는 2명이 했던 일을 혼자 하게 되니 보상이 늘어도 노동 환경은 그만큼 열악해진 것이다.

이런 현상은 기업과 노동자 간의 문제만은 아니었다. 국가의 개입이 최소화되니 큰 기업들은 막대한 자금을 이용해 작은 기업들을 흡수, 통합하며 몸집을 불려나갔다. 게다가 인터넷의 발달로 돈의 국경도 사라졌다. 개인도, 기업도 마음껏 외국 자본을 쓸 수 있는 시대가 된 것이다. 이제 한 나라의 금융위기는 다른 여러 나라의 경제에 더 큰 영향을 미칠 수밖에 없다. 그렇게 2008년, 미국의 금융위기가 찾아왔다.

27

금융위기와 덴마크

미국발 금융위기와 덴마크

2000년대 초, 9·11 테러, 이라크 전쟁 등의 악재가 거듭되면서 미국 경제가 침체되기 시작했다. 경기가 어려우면 사람들이 돈을 잘 안 쓴다. 이럴 경우 정부는 은행의 이자를 낮춰 개인이나 기업이 돈을 많이 빌려 쓰도록 한다. 그래야 시중에 돈이 돌기 때문이다. 이 시기 미국의 금융회사들은 주택 관련 금융상품들을 서민들에게 낮은 금리로 팔았다. 시간이 지날수록 집을 사려는 사람들은 많아졌고 집값은 계속 올라갔다.

하지만 집값이 계속 오를 리 만무했다. 2004년, 미국의 저금리 정책이 종료되면서 집을 담보로 대출을 받은 사람들의 은행 이자 역시 오르기 시작했다. 그러자 이자가 부담스러운 사람들이 한두 명씩 집을 팔기 시작하더니, 집값은 어느 순간 폭락하기 시작했다. 빌린 돈을 갚지 못한 개인의 파산이 이어졌고, 금융회사도 파산을 면치 못했다. 초강대국 미국이 휘청거리니 미국에 수출을 하던 나라들 역시 타격을 받게 되고, 미국발 경제 위기는 순식간에 전 세계로 퍼져나갔다.

경쟁에서 패배하면 자연스럽게 도태되는 것이 자본주의의 법칙이지만, 미국 정부는 망해가는 금융회사들을 방치할 수가 없었다. 만약 그대로 방치하면 미국 경제 전체가 무너질 상황이었다. 결국 9,000억 달러에 가까운 세금이 투입되었고, 그 덕분에 금융회사들은 겨우 한숨 돌릴 수 있었다. 이 모습을 본 미국의 서민들은 분노했다. 자신은 가진 돈을 다 날렸는데 집을 사라고 부추겼던 금융회사들은 정작 자신이 낸 세금으로 회생하는 모습을 본 것이다. 불평등 그 자체였다. 실제로 2008년 금융위기 이후 미국 사회의 양극화는 더욱 심해졌다.

물론 신자유주의를 무조건 부정적으로 볼 수는 없다. 기업들 간의 무한 경쟁을 유도해 상상을 초월하는 기술 발전을 이루었으니 인류 문명 역시 한 걸음 더 진보할 수 있었다. 하지만 발전의 이면에는 빈익빈 부익부라는 어두운 그림자도 존재했다. 마치 동전의 양면처럼 말이다.

전 세계를 혼란에 빠뜨린 미국발 금융위기 속에 덴마크 역시 전체적으로 생산이 하락했고 실업자가 속출했다. 하지만 다른 나라에 비해 그 충격 강도가 약했다. '9월 대타협' 이후 기업이 위기를 겪게 되면 직원을 자유롭게 해고하여 인건비를 줄일 수 있었기 때문이다. 해고된 사람들도 큰 걱정이 없었다. 반세기 동안 이어진 탄탄한 복지제도 때문이다. 실업자들은 실업 수당을 받고 직업 교육 등의 프로그램을 통해 다시 직장을 구했다.

덴마크는 한국처럼 비정규직 제도가 없다. 그래서 이직에 대한 두려움이 없다. 혹자는 실업 수당이 많으면 재취업의 의지를 잃을 것을 우려한다. 하지만 실업자가 일정 기간 동안 취업을 못 하면 보조금을 조금밖에 못 받기 때문에 스스로 취업을 위한 노력을 해야만 한다. 덴마크 정부 또한 실업자의 재취업을 위해 많은 노력을 기울인다. 그래야 더 많은 세금을 걷을 수 있기 때문이다. 결국 세금이

덴마크 빌룬드(Billund)에 위치한 레고 하우스.
레고는 글로벌 금융위기를 극복하고 다시 완구 시장의 선두로 자리 잡았다.

다. 세금이 있어야 이런 제도도 가능한 것이니 말이다. 이를 위해 덴마크 국민들은 월급의 거의 절반을 세금으로 낸다. 물론 기업과 부자들은 그 이상의 세율을 부담하고 있다.

세금을 바라보는 두 나라의 시선

—

덴마크 사람들이 이렇게 많은 세금을 감수하는 이유는 내가 낸 세금이 나와 내 가족들에게 다시 돌아온다는 믿음을 갖고 있기 때문이다. 그들은 내 자녀의 교육과 내 부모의 의료가 무상으로 지원되는 경험을 하고 있다. 또한 덴마크 사람들은 세금을 어디에 쓸까를 결정하는 정치인과 공무원들에 대한 신뢰가 아주 높은 편이다. 덴마크의 부정부패 지수는 거의 0%에 가깝다. 그러니 조세 저항이 낮을 수밖에 없다.

반면 한국은 덴마크에 비해 조세 저항이 높은 편에 속한다. 봉급생활자들의 세금은 월급을 받기도 전에 원천징수로 떼면서 힘 있는 체납자들은 제대로 건드리지도 못 하고 있으니 말이다. 참고로 한국은 2017년 기준, 2억 원 이상의 고액 체납자가 전국에 2만 명이 넘는다고 한다. 게다가 TV만 켜면 비리니 청탁이니 하는 세금 새는 뉴스만 나오니 세금을 내는 것이 달가운 한국인들은 그리 많지 않을 것이다.

덴마크의 닥치고 정치

———

결국 정치가 문제였다. 정치란 우리의 삶이다. 입시제도, 휘발유 가격, 국민연금, 쓰레기 분리수거 등 아침부터 저녁까지 접하는 모든 이슈들은 정치에 의해 정해지고, 시행되고, 폐기된다. 그래서 우리는 정치가 깨끗한 나라를 선진국이라 부른다. 지하자원이 아무리 풍부해도 정치가 부패한 나라는 선진국이 아니다.

그럼 덴마크의 정치는 왜 깨끗할까? 가장 큰 이유는 국민들이 정치에 늘 관심을 갖고 정치인들을 잘 감시하기 때문이다. 독재가 부정부패로 망하는 이유는 권력을 견제하는 세력이 없기 때문이다. 정상적으로 민주주의 제도가 돌아가는 나라라면 부정부패는 없어야 한다. 집권 여당이 조금만 잘못을 하면 국민들이 선거를 통해 다른 정당에게 권력을 넘기기 때문이다. 정치가 국민을 두려워하면 부정부패는 있을 수 없다. 덴마크처럼 말이다.

정치 신동과 정치 바보

———

80~90%의 투표율이 보여주듯 덴마크인들은 정치를 매우 중요하게 여긴다. 덴마크 아이들은 정치가 영어, 수학보다 훨씬 중요한 과목이자 내 삶을 결정하는 가장 중요한 분야라고 생각한다. 9년 이상 학교에서 배우는 정치 교육은 자연스럽게 덴마크 국회로 이어

덴마크 국회의 입구에 걸려 있는 의원들 사진

져 오늘날의 덴마크를 만들었다.

　반면 한국에서 정치는 별로 중요하게 여겨지지 않는다. TV를 보던 중학생 아들이 대통령의 정책에 대해 지적하면 학생이 공부만 하면 되지 무슨 정치 걱정이냐는 엄마의 핀잔이 이어진다. 대한민국 청소년들에게 정치는 어른이 된 후에나 생각할 문제다. 학교는 어떠한가. 교사는 정치적 이슈에 대해 자신의 생각을 쉽게 말할 수 없다. 공무원으로서 정치적 중립을 지켜야하기 때문이다. 그러니 교실 내에서 정치적 이슈에 대한 자유로운 토론은 사실상 이루어지기 힘들다.

　정치에 관심을 갖지 못한 채 자란 아이들이 드디어 자신의 주권을 행사할 수 있는 나이가 되었다. 민주주의에서 투표란 자신의 미래를 결정하는 아주 중요한 행위이다. 할머니(노년층), 엄마(중년층), 딸(청년층)이 바라는 미래는 모두 다를 수밖에 없으니 세대별 지지 후보도 달라야 한다. 하지만 안타깝게도 현실은 손녀와, 엄마와, 할머니가 같은 후보를 찍는 경우가 많다. 그러니 어느 지역은 깃발만 꽂으면 당선된다는 우스갯소리가 나오는 것이다.

tip
한국 사회에서의 불편한 단어, 정치

●●● 불과 얼마 전까지만 해도 대학 입학 예정인 자녀들이 부모들에게 꼭 듣던 소리가 있다. "대학 가서 절대 데모는 하면 안 된다!" '데모'는 시위라는 뜻인 '데몬스트레이션(demonstration)'의 줄임말이고, 데몬스트레이션은 민주주의라는 뜻의 '데모크라시(democracy)'에서 파생된 단어다. 자유 민주주의 시민들은 자신의 주장을 '시위'라는 형식으로 표출할 수 있기 때문이다. 실제 대한민국 헌법에도 '모든 국민은 집회, 시위의 자유가 있다'라고 명시되어 있다. 그런데 왜 부모들은 민주 시민의 권리인 데모를 문제 삼았을까?

대한민국 현대사에 그 답이 있다. 불행히도 광복 이후 대한민국 국민은 무려 40여 년 동안 독재 정권을 경험했다. 권력을 잡은 독재정권은 국민들의 합법적인 시위를 허용하지 않았다. 심지어 국민들이

DEMOKRATI I UDVIKLING
DEMOCRACY ON THE MOVE

Det danske demokrati er resultatet af flere hundrede års udvikling, og demokratiske værdier er stærkt rodfæstet i det danske samfund. Historien viser, at demokratiet gentagne gange har været under pres. Det er med til at understrege, at et demokratisk samfund er afhængigt af, at befolkningen værner om det og deltager i det. Demokrati kan aldrig tages for givet. Så selv om demokratiet i sig selv ikke længere er til debat i Danmark, er demokratiets tilstand løbende til diskussion og i fortsat udvikling – en udvikling, som alle er med til at påvirke.

Danish democracy is the result of several hundred years of developments, and democratic values are firmly embedded in Danish society. History shows that democracy has been under pressure on many occasions and this underlines the fact that democratic societies depend on citizens to safeguard and take part in it. Democracy must never be taken for granted. So even though democracy in itself is no longer a subject of debate in Denmark, the state of democracy is constantly up for discussion and is still in the course of development – a development that everybody can help to influence.

덴마크인들에게 투표는 가장 중요한 정치 참여 방법이다.

바이킹을 탄 이순신

정치에 관심을 갖는 것 자체를 매우 두려워했다. 자신들 스스로가 민주주의 제도를 깨트린 장본인이었고, 또 국민들이 정치에 무관심하면 그 권력을 마음껏 휘두를 수 있기 때문이었다. 하지만 이런 공포 정치 속에서도 시위를 통한 저항의 목소리는 끊임없이 이어졌다. 그럴 때마다 독재 정권은 시위자들을 체포해 고문하고, 그들의 가족들에게도 고통을 안겼다. 심지어 사회 곳곳에 일명 프락치(첩보원)를 심어두어 정권에 비판적인 사람들을 쥐도 새도 모르게 끌고 가기도 했다. 이러다 보니 정치는 배워서도 안 되고 가르쳐서도 안 되는 금기가 되었다. 이런 후유증은 민주화가 된 오늘날까지도 이어져 한국 사회에서의 '정치'란 왠지 모르게 불편한 단어로 남아 있다.

민심과 비례하는 덴마크 의회

민주 국가에는 크게 3개의 권력 기관이 있다. 현재의 정책을 추진하는 행정부와 과거에 일어난 사건에 대해 법을 집행하는 사법부, 그리고 미래를 위한 법을 만드는 기관인 입법부가 그것이다. 이 중 입법부인 국회는 가장 중요한 기관이다. 국회의원이 만들어내는 법안 하나로 그 나라의 미래가 바뀔 수 있기 때문이다. 그래서 국회는 국민들의 다양한 의견을 대변해 줄 수 있는 사람들로 채워져야 한다. 하지만 우리가 아는 선거제도는 국민 모두의 의견을 반영할 수 있을 만큼의 완벽한 제도는 아니다. 특히 미국 같은 승자 독식

1855년, 덴마크는 세계 최초로 비례대표제를 시행했다.
(1920년대 덴마크 의회의 모습)

제도에서는 더욱 그러하다.

　예를 들어 한 지역의 투표 결과 진보당 30%, 보수당 50%, 녹색
당 20%의 득표율이 나왔다고 가정하자. 그럼 제일 많은 표를 얻은
보수당 후보가 그 지역의 국회의원이 된다. 문제는 보수당 후보가
당선이 되는 순간 30%의 진보당과 20%의 녹색당을 지지하는 사
람들의 목소리는 사라져버린다는 것이다. 승자 독식 체제에서 2위
와 3위 후보들은 결코 국회의원이 될 수 없기 때문이다. 특히 상대
적으로 수가 적은 환경주의자들(녹색당)은 평생 자신들이 지지하는
후보를 국회로 보낼 수 없다.

　반면에 덴마크는 정당 득표율에 비례해 국회의원을 선출하는 비
례대표제를 채택하고 있다. 예를 들어 국회의원 수가 총 100명이라

고 가정하자. 선거 결과가 보수당 50%, 진보당 30%, 녹색당 20%
로 나왔다면 국회의원 역시 지지율에 맞게 보수당 50명, 진보당 30
명, 녹색당 20명으로 구성되는 것이다. 그러니 소수의 작은 목소리
도 충분히 국회로 전달될 수 있으며 정책으로 만들어져 실행될 가
능성이 높다. 물론 이 역시 완벽한 제도라 말할 수는 없지만 최소한
대의민주주의 취지에 더 가까운 선거제도임은 분명하다.

tip
유럽 제국주의와 난민

●●● 지금으로부터 400년 전, 이슬람 제국의 전성기
가 끝난 뒤 세계의 역사는 사실상 백인들이 주도했다. 1600년대 이
후 유럽의 백인들은 풍부한 자원과 노동력을 착취하기 위해 본격적
으로 식민지를 개척했다. 수천 년 동안 평화롭게 살아오던 아프리카,
중동, 아시아의 민족들은 하루아침에 백인들의 노예가 되었다.

유럽의 강대국들은 자신들의 편의를 위해 식민지 사람들을 강제 이주
시키고, 또 임의대로 국경을 만들었다. 하루아침에 같은 민족, 같은 종
교의 사람들이 나뉘고 전혀 다른 종교와 민족이 같은 영토로 묶여버렸
다. 모두 원활한 노동력 확보를 위해서였다. 그리고 그들은 아무런 조
치도 하지 않은 채 식민지를 떠나버렸다. 그 결과 유럽 제국주의 국가
들이 머물렀던 지역에서는 어김없이 분쟁과 난민이 발생하고 있다.

덴마크의 잔인했던 식민지 경영

1600년경부터 덴마크는 아프리카 서쪽 해안(Danish Gold coast)을 중심으로 잔인한 식민지 경영을 했다. 그들은 마치 가축을 거래하듯 아프리카인들을 납치해 카리브해 연안으로 수출했는데, 덴마크 정부가 이 반인륜적인 무역의 중심에 있었던 것이다.

덴마크는 인도 지역까지 진출해 평화를 파괴했다. 불과 얼마 전까지 스리랑카는 내전으로 몸살을 앓았다. 그 내막을 살펴보면 덴마크를 포함한 유럽인들의 잔인한 행태가 그대로 드러난다.

스리랑카의 원래 이름은 실론 티(차)로 유명한 '실론 왕국'이었다. 덴마크는 1600년경 인도 동남쪽에 위치한 타랑감바디(Tharangambadi)를 중심으로 아래쪽 실론 섬까지 식민지로 만들었다. 1800년대 들어 덴마크로부터 식민지를 넘겨받은 영국은 실론 섬의 차 재배를 위해 인도 본토로부터 타밀족(힌두교)을 강제 이주시켜 일을 시켰다. 그러나 오래전부터 실론 섬에서 살아온 상할라족(불교)과 강제 이주된 타밀족(힌두교)은 종교도, 민족도 다른 사람들이었다. 문제는 영국이 실론 섬에서 철수한 후였다. 두 민족 사이의 문화적, 종교적 갈등은 결국 스리랑카 내전이 되어 오늘날까지 많은 사람들이 죽거나 다치는 비극이 되었다.

물론 스리랑카 내전은 직접적인 원인을 제공한 영국의 책임이 크다. 하지만 이 지역의 평화를 깨기 시작했던 원조 식민 제국인 덴마크 역시 그 책임에서 결코 자유로울 수는 없다. 과연 덴마크 사람들이 나치 독일의 반인륜적 행위를 비판할 자격이 있는 것일까?

그런데 이런 비극이 마치 남의 이야기인 듯 말하고 있는 우리는 어떤가! 불과 100여 년 전 덴마크가 스리랑카를 침략해 노동력을 착취했고, 영국이 무책임하게 떠난 후 발생한 스리랑카 내전 이후에도 스리랑카 내부의 갈등은 계속되었다. 우리도 이와 다르지 않다. 일본은 한국을 침략했고, 한반도를 둘로 나눈 소련과 미국이 무책임하게 떠났으며, 우리는 한국전쟁의 상처와 남북 간, 남한 사회

타랑감바디(Tharangambadi). 인도 남부 해안에 위치한 도시로 1620~1845년까지 덴마크의 식민지였으며 1845년 영국에 팔렸다.

내의 갈등까지 겪고 있다. 스리랑카는 적어도 분단되지는 않았다. 분단국인 우리는 스리랑카보다 더 큰 비극을 당한 민족인 셈이다.

덴마크의 역사적 책임, 난민 문제

영국을 비롯한 수많은 강대국들은 제국주의 시대에 식민지를 통

해 상상을 초월한 부를 얻었다. 오늘날 강대국이라 불리는 나라들의 힘의 원천은 식민지 사람들의 희생과 눈물이라고 해도 과언이 아니다. 역사에 가정은 없지만 만약 그들의 식민지 수탈이 없었다면 오늘날 난민 문제가 이토록 심각하지는 않았을 것이다. 역사가 이러한데 덴마크를 비롯한 유럽의 강대국들은 그 책임을 회피하려 한다. 오히려 자신들이 선량한 자비를 베풀듯 난민 수용의 유무를 결정하고 있다. 명백한 승자의 논리다.

물론 난민을 수용하면 그들을 교육시키고 일자리도 줘야 하니 그 과정에서 얼마나 많은 돈이 들어가겠는가. 지금 덴마크를 포함한 많은 유럽인들은 난민 때문에 나에게 올 복지가 줄어들고, 또 난민 때문에 더 많은 세금을 더 내야 한다는 걱정을 하고 있다. 이런 여론은 자연스럽게 정치에 반영되어 많은 유럽 국가에서 극우 정당이 세력을 확장하고 있다. 덴마크 역시 2014년 총선에서 보수당인 덴마크 국민당이 27%의 지지를 받으면서 난민을 받아들이는 데 반대의 소리를 높이고 있다.

덴마크 정부는 레바논의 주요 신문에 광고까지 하며 덴마크로의 난민 이주를 막았고, 난민에게 주는 혜택 역시 반으로 삭감해버렸다. 심지어 얼마 전 북유럽으로 몰려드는 난민을 막기 위해 난민 300여 명이 탄 독일발 기차를 막고 고속도로를 폐쇄하기까지 했다. 물론 비난 여론 때문에 철회하긴 했지만 그만큼 난민 문제는 오늘날 덴마크가 직면한 가장 큰 사회적 문제임에 틀림없다.

덴마크 사람들이 훈장처럼 자랑하는 행복 뒤에는 수많은 식민지 사람들의 희생이 있었다는 사실을 잊지 말아야 한다. 이제는 좀 더 넓은 마음으로 지구촌 노블레스 오블리주를 실천하는 덴마크 사람들의 모습을 기대해본다.

덴마크 코펜하겐의 오후

PART 9
덴마크 사람들이
우리보다 조금 더
행복한 이유

지하자원 하나 없고 국토의 대부분이 황무지였던 덴마크는 부정부패 없는 깨끗한 정치로 경제 부국이자 세계에서 가장 행복한 나라가 되었다. 특히 평등 교육은 위대한 평민의 나라라는 명성을 얻게 해주었고, 높은 노동의 가치는 직업별 소득 격차와 편견을 줄이는 데 많은 공헌을 했다. 모두가 평등하게 잘사는 덴마크 사람들의 행복 지수가 높을 수밖에 없는 이유다.

HISTORY OF DENMARK

28
행복한 사람들의 나라, 덴마크

덴마크의 행복의 조건

    1,000년 전 북유럽은 물론 영국 섬까지 지배했던 광활한 북해 제국의 영토는 꾸준히 줄어 지금 덴마크의 영토는 대한민국의 절반 정도 크기이다. 인구는 한국의 10분의 1 수준이다. 지하자원도 거의 없다. 비바람 부는 우울한 날씨는 일상이 되었고 연중 맑은 날은 손에 꼽을 정도다. 지리적으로도 영국, 독일 등 유럽 최강국들에 둘러싸여 있다. 이런 외적인 조건으로만 보면 덴마크는 지구상 가장 불행한 나라여야 한다. 그럼에도 덴마크는 경제 대국이 되었고 덴마크 사람들은 행복 지수 높은 삶의 주인공이 되었다. 왜 그럴까?

국영수보다 중요한 과목, 정치

—

덴마크 공립학교에는 교육에 대한 중요한 6가지 키워드가 있다. 'Character(개성)', 'Citizenship(시민의식)', 'Communication(의사소통)', 'Critical thinking(비판적 사고)', 'Collaboration(협동)', 'Creativity(창의성)'가 그것이다.

이 중 'Critical thinking(비판적 사고)'은 제일 중요한 키워드다. 덴마크 사람들에게 비판과 토론은 생활의 일부다. 어려서부터 학교와 집에서 직간접적으로 정치를 배우며 자라기에 정치는 그들에게 가장 중요한 과목이 되었다. 세계 어느 나라보다 정치에 대한 관심이 높은 덴마크의 투표율은 2012년 조사 결과 87%로 46%의 한국에 비해 2배가량 높았다. 높은 투표율은 정치인들을 긴장시켰고 이는 부정부패 없는 깨끗한 정치로 이어졌다.

투표가 만든 깨끗한 정치

—

2017년도 국가청렴도 지수(CPI, Corruption Perceptions Index)에 따르면 우리나라는 100점 만점에 54점으로 조사 대상국 180개국 중 51위, OECD 35개국 중 29위를 차지했다. 같은 조사에서 덴마크는 2위를 기록했다.

인구 500만 명의 덴마크는 국회의원이 무려 179명이다. 반면 인

덴마크 의회 앞 자전거들. 대부분의 덴마크 국회의원들은 자전거를 이용한다.

구 5,000만 명의 한국은 국회의원이 고작 300명이다. 참고로 물
가 대비 1인당 의원 세비는 덴마크가 훨씬 적다. 덴마크 국회의원의
60% 이상은 자전거로 출퇴근을 한다. 차는 공무상 필요할 때만 쓰
는 편이다. 한국에서처럼 기사까지 두며 차 뒷자리에 앉는 모습은
상상할 수 없다. 피감 기관의 돈으로 해외 연수를 간다? 그 사실이
밝혀지는 순간 그 의원의 정치 생명은 끝이다. 이유는 단순하다. 국
민들이 두 번 다시 그 의원, 그 정당에게 투표하지 않을 것이기 때
문이다.

세상에서 제일 쉬운 혁명이 있다. 바로 투표다. 투표를 잘하면 정치인이 바뀌고, 정치인이 바뀌면 정치가 바뀌고, 정치가 바뀌면 내 삶이 바뀐다는 것을 덴마크 사람들은 너무 잘 알고 있다. 투표를 잘하는 데에는 많은 돈이 필요하지 않다. 오직 정치에 대한 관심과 정치인을 판단하는 냉정한 결정만이 필요할 뿐이다.

깨끗한 정치가 만든 조세 정의

깨끗한 정치는 조세 정의의 실천을, 조세 정의의 실천은 덴마크 사람들에게 공동체 의식을 심어주었다. 환경미화원 할아버지는 받은 월급의 많은 부분을 세금으로 내면서 자부심을 갖는다. "내가 낸 세금으로 덴마크 젊은이들이 무료로 공부를 할 수 있고 그중에서 변호사가 된 친구들도 있으니 내가 그들을 변호사로 만든 것이지요!" 그렇게 변호사가 된 친구는 자신이 번 수익의 상당 부분을 다시 세금으로 내고, 이 세금의 일부는 환경미화원 할아버지의 월급으로 사용된다. 한 조사 결과에 따르면 덴마크 사람들의 70%는 지금의 높은 세율을 계속 유지해야 한다고 대답했다.

낮은 조세 저항은 심지어 이런 현상도 만들었다. 1970년대 초반 과도한 세금에 대해 감세를 주장하는 정당(자유연합당)이 나왔다. 당장 세금을 줄여준다는 말에 현혹될 법도 한데 선거 결과 그 정당은 불과 5%의 지지율을 받는 데 그쳤다. 심지어 예산을 다 사용하지 못해 정부가 다음해에 감세를 하겠다고 하자 남은 세금을 복지 개선에 더 사용하자는 여론이 상당했다고 한다. 2012년 실시된 공공 기관 신뢰도에서 덴마크는 100점 만점에 75점을 받았다. 너무 슬픈 현실이지만 한국은 고작 45점에 불과했다.

조세 정의가 만든 평등 사회

덴마크의 평균 세율은 OECD 평균인 34%를 훨씬 상회하는 50%에 육박한다. 물론 부자들은 더 많은 세금을 낸다. 그래서인지 우리 생각과 다르게 월급을 많이 받는다고 엄청 좋아하지도, 월급이 적다고 크게 실망하지도 않는다. 월급을 받은 후 이것저것 세금을 내고 나면 변호사나 미용사나 별반 차이가 나지 않기 때문이다. 이는 직종이 다를 뿐 다들 비슷한 생활 수준을 유지한다는 뜻이기도 하다.

그래서 덴마크는 전 세계에서 소득의 불평등이 가장 적은 나라 중 하나다. OECD 국가 중 지니계수가 가장 낮은 0.225에 불과하다. 지니계수가 낮다는 말은 가난한 사람들이 적고 중산층이 많다는 뜻이다. 덴마크는 국민의 약 90% 정도가 거의 동일한 수준의 생활을 한다고 한다. 돈으로 비교하며 느끼는 상대적 박탈감이 다른 나라에 비해 덜하다는 것이다. 학자들은 덴마크 사람들의 경제적 평등이 행복 지수를 높이는 요인이라고 말한다.

평등 사회가 만든 노동의 가치

———

높은 세율로 인해 미용사와 변호사의 월급이 별반 차이가 나지 않는다? 그럼 대부분의 한국인들은 이런 반응을 보인다. "그럼 누가 힘들게 공부해서 변호사가 되려고 하겠어? 차라리 직업학교에 가서 미용이나 배우지." 하지만 생각을 조금만 바꾸면 이처럼 상식적인 이야기도 없다. 미용사를 꿈꾸는 이는 하루에 10시간씩 미용 연습을 하고, 변호사를 꿈꾸는 이는 하루에 10시간씩 법전을 공부하면 된다.

만약 한국 사회처럼 공부를 제일 중요한 가치라고 생각한다면

남녀노소, 사회적 신분이나 소득과 관계없이
덴마크인들이 이용하는 자전거는 평등 사회의 상징이 되었다.

당연히 변호사는 훨씬 더 많은 돈을 벌어야 한다. 하지만 미용 기술도 공부만큼 중요한 가치라고 생각한다면 당연히 미용사도 변호사만큼 돈을 벌어야 한다. 물론 덴마크에서도 변호사는 미용사보다 평균 소득이 높다. 하지만 그만큼 많은 세금을 내야 하니 실제 월급은 큰 차이가 나지 않는다. 이제야 덴마크인들의 대답이 이해가 된다. "그래서 덴마크에서는 변호사를 하고 싶은 사람이 변호사를 하는 겁니다." 이렇듯 덴마크 청년들의 60~70% 이상은 자신이 원하는 삶을 선택한다.

이런 우스갯소리가 있다. 한국 사람들은 직업에 관해 물을 때 "연봉은 얼마예요?"가 우선이고, 덴마크에서는 "적성에 맞아요?"가 우선이란다. 마냥 웃을 수만은 없는 쓸쓸한 유머다. 행복은 '자신이 원하는 것을 성취하는 과정'이다. 자신이 하고 싶은 일을 찾고, 꿈꾸고, 이뤄가는 과정 자체가 행복인 것이다.

노동의 가치가 만든 독립적인 삶

—

부모의 역할은 수없이 많지만 그중에서도 덴마크 부모들이 가장 중요하게 생각하는 것은 아이의 '자기 결정권'을 키워주는 것이다. 어려서부터 자신의 일은 스스로 하도록 하고, 십 대가 되면 아이가 스스로 생각하고, 판단하고, 결정하고, 책임지는 법을 가르친다. 이것은 덴마크의 부모가 아이들에게 해주는 가장 중요한 교육이자 선

덴마크 부모들의 가장 큰 목표는
자녀를 스스로 생각하고, 판단하고, 결정하고, 책임지는 아이로 키우는 것이다.

물이다.

대부분의 덴마크 청소년들은 부모의 경제 능력과 상관없이 14살 이상이 되면 아르바이트를 시작하며 자신의 용돈을 번다. 청소년기의 아르바이트는 사회생활을 준비하는 과정이라 생각하기 때문이다. 또한 덴마크 청소년들은 19살이 되면 80% 이상이 자연스럽게 부모로부터 독립을 한다. 취업 대신 진학을 한다 해도 대학 학비가 무료이고 대부분의 대학생에게 장학금이 지급되니 큰 걱정이 없다. 결혼을 할 때에도 마찬가지로 이미 독립했으니 부모에게 의지하지 않는다. 덴마크 부모들도 자녀들의 결혼 비용을 보태주려 하지 않는다. 오히려 자신의 삶에 집중한다.

29
착한 사람들의 나라, 덴마크

문제는 교육제도가 아니야!

—

노동의 가치가 높은 덴마크 사회에서는 학력과 직업에 대한 편견을 쉽게 찾아볼 수 없다. 그래서 대학 입시 경쟁이 없다. 대학을 가지 않아도 충분히 먹고 살 수 있기 때문이다.

우리는 매년 입시제도의 문제점만을 고치려 한다. 대학을 나와야 먹고 사는 세상을 만들어놓고 치열한 대학 입시의 부작용을 논하고 있는 것이다. 심지어 노동의 가치에 대한 인식을 바꾸려는 노력은 교육제도와 전혀 관계가 없는 것처럼 치부하기 일쑤다.

갑자기 미국의 빌 클린턴 대통령이 후보 시절에 한 명언이 떠오른다. 인지도가 매우 낮았던 그를 미국의 대통령으로 만든 한마디가 있었다.

"It's the economy, Stupid!(문제는 경제야!)"

미국인들이 힘들어하는 원인을 정확히 찾아 선거용 문구로 만든 것이다. 그렇다면 이는 우리에게도 적용되는 말이 아닐까?

"It's the labor value, Stupid!(문제는 노동의 가치야!)"

평등 교육이 만든 열매 '창의력'

덴마크는 세금의 많은 부분을 교육에 투자하는 세계적인 교육 강국이다. 왠지 교육 강국이라고 하면 대단한 엘리트들이 배출되는 상상을 하지만, 의외로 덴마크는 철저한 평등 교육을 추구한다. 상위 5% 이내의 아이들보다는 나머지 95% 아이들 위주의 교육이 실시된다. 덴마크가 추구하는 평등 교육의 가장 큰 특징은 부유하건 가난하건, 시골이건 도심이건 모든 아이들이 같은 조건으로 시작하는 것이다. 실제로 덴마크 변호사들의 80%는 소득이 중하층 가정 출신이다.

물론 덴마크처럼 평등 교육을 강조하면 학업 성취도가 낮아진다는 단점이 있다. 쉽게 말해 덴마크 아이들은 하루 10시간 이상 공부하고 책꽂이의 90%가 참고서로 채워진 한국 청소년에 비해서 학업 능력이 떨어진다. 하지만 그들은 한국 학생들이 열심히 외우는 그 많은 지식들을 인터넷에서 5초면 찾을 수 있다는 사실을 알고 있다. 이처럼 경쟁이 없는 평등 교육은 자유로운 교육 형태로 나타나

세계적 권위를 자랑하는 코펜하겐 대학교 앞에는
역대 코펜하겐 대학 출신 노벨상 수상자들의 조각상이 전시되어 있다.

고, 자유로운 교육은 강력한 창의력을 만들어낸다.

　　OECD는 매년 창의력 지수를 발표한다. 창의력 지수는 재능 지수와 기술 지수, 그리고 관용 지수를 합친 결과인데, 덴마크는 늘 상위권에 속한다. 덴마크의 창의력 교육은 자의식이 생기기 시작하는 청소년기에 관심 분야에 대한 흥미를 키워주는 방식으로 진행된다. 한국에서는 공부를 시험을 위한 과정으로 인식하지만, 덴마크에서는 관심 분야에 대한 흥미를 파악하는 과정이라고 인식한다. 다양한 흥미는 다양한 직업군을 만들어내고, 다양한 직업군은 다양한 경쟁력을 만들어낸다. 모든 학생이 똑같은 문제를 풀어야 하는 대입 수능이 없기 때문에 교육 역시 획일적이지 않다.

　몇 년 전 한국의 중고등학생들을 대상으로 이런 설문조사를 한 적이 있다. "지금 대입이 폐지되고 원하는 공부를 마음껏 할 수 있다면 가장 하고 싶은 공부가 무엇인가?" 기생충, 자동차, 미세먼지, 고인돌, 구두 등 다양한 분야의 다양한 단어들이 아이들의 입에서 쏟아져나왔다. 창의력은 자기가 좋아하는 분야에 집중할 때 생긴다. 만약 우리 아이들이 어려서부터 성적을 위한 획일적인 공부가 아니라 다양한 분야에 관심을 갖고 탐구하는 공부를 한다면 어떻게 될까? 그래도 다행인것은 최근 들어 혁신학교 같은 다양성에 초점을 맞춘 교육기관과 제도가 늘어나고 있다는 점이다. 늦었지만 한국 사회에서도 교육에 대한 패러다임이 조금씩 변하고 있다.

평등 교육이 가져온 공동체 문화

　한국은 산업화 시대 이후 지금까지 꾸준하게 경쟁 교육을 시켜왔다. 하지만 덴마크는 경쟁보다는 협동을 강조한다. 앞서 언급한 덴마크 교육의 키워드 '6C' 중 'Collaboration(협동)'은 'Critical thinking(비판적 사고)'만큼이나 중요한 단어로 인식된다.

　어려서부터 배우는 협동은 공동체, 연대의식으로 이어져 오늘날 '조합의 나라' 덴마크를 만드는 원동력이 되었다. 친구, 이웃, 지역주민들 간에 다양한 모임이 만들어지고, 이런 모임들은 개개인 간

덴마크 초등학교 교실 풍경.
평등 교육을 받은 덴마크 아이들에게 친구는 경쟁의 상대가 아닌 협력의 파트너이다.

에 중요한 네트워크로 연결된다. 고등학생 이상 덴마크 국민의 절
반 정도는 1개 이상의 사회적 모임에 가입되어 있다고 한다. 덴마
크의 노동조합 가입률이 80%에 육박하는 이유가 여기에 있다(한국
은 10% 미만이다).

경제 대국 일본의 고독사는 이미 사회적 문제가 되고 있고, 영국
은 2018년, '외로움 장관'이라는 타이틀을 만들어 체육시민사회부
장관이 겸직을 하고 있다. 전문가들은 누군가가 나와 함께한다는
덴마크의 공동체 의식을 행복의 중요한 요인으로 꼽는다.

공동체 문화가 만든 신뢰 사회

―

덴마크 사람들의 연대의식은 신뢰의 문화를 만들어냈다. 경쟁은 상대를 적으로 생각하고 약점만 찾게 하지만, 협동은 상대를 같은 팀원으로 생각하고 장점을 보게 한다. 같은 팀원들에게 가장 요구되는 것은 서로를 향한 신뢰다. 덴마크 아이들은 가정에서부터 신뢰를 쌓는 법, 협동하고 소통하는 법을 배운다. 학교에 진학한 후에도 경쟁이 없으니 스트레스를 덜 받고, 스트레스를 덜 받으니 왕따나 학교 폭력 같은 부작용도 없다.

2001년, 미국의 월간지 《리더스 다이제스트》가 세계 주요 도시에 지갑을 떨어뜨린 후의 회수율을 실험했는데, 덴마크는 100% 돌아왔다고 한다. 다른 지역의 평균 회수율은 50% 정도라고 하니 정말 놀라운 결과다. 이런 신뢰 문화는 덴마크를 여행해보면 확실히 느낄 수 있다. 주차 시간이 정해진 주차장에서 덴마크 사람들은 자발적인 입차 시간을 표시하고, 제한 시간 안에 꼭 출차를 한다. 대부분의 덴마크 기업에는 출퇴근 시간 기록기가 없으며, 지하철역에도 개찰구나 검표원이 없다.

OECD 회원국을 대상으로 한 '타인에 대한 신뢰도' 설문 조사 결과, 덴마크는 89%로 단연 1위를 차지했다(참고로 한국은 46%였다). 이런 신뢰 문화는 소송 등 사회적 갈등 비용도 절감시킨다. OECD 국가별 사회 갈등 관리 지수 조사에서도 덴마크는 1점 만점에 0.92점으로 1위를 차지했다. 그만큼 사회 갈등이 없고 또 사회 갈등을 잘 관리한다는 뜻이다. 평등 교육이 어떻게 사회적 분위기를 바꿔내는지 덴마크는 잘 보여주고 있다.

신뢰가 만든 자유

OECD 국가 중 덴마크는 일과 삶의 균형이 가장 잘 이루어지는 나라다. 대부분의 덴마크 직장인들은 점심을 매우 간단히 먹고 바로 복귀해 오후 일을 마무리한다. 그리고 보통 2~3시 사이에 자율적인 퇴근을 한다. 일은 짧고 굵게, 퇴근 후에는 자신의 시간을 갖는 것이다. 평균 수면시간은 한국보다 1시간 이상 길고, 주당 평균 근무시간은 52시간인 한국에 비해 18시간이나 적은 34시간에 불과하다. 이는 사회 구성원들 간의 높은 신뢰에서 비롯된다. 서로를 믿지 못하면 자율적인 업무가 불가능하기 때문이다.

덴마크의 사회는 상상을 초월할 정도로 수평적이다. 눈이 오면 덴마크 총리도 자기 집 앞의 눈을 직접 치운다. 서열 의식은 찾을래야 찾을 수 없다. 이런 수평적 문화에서는 수직적 문화에서보다 남의 눈치를 덜 보게 된다. 그래서 덴마크 사람들은 남의 시선을 많이 의식하지 않는다. 이는 남에게 불편을 주지 않는 선에서 자유롭게 생각하고 행동한다는 뜻이며 상대방의 언행을 존중한다는 의미이기도 하다. 덴마크는 높은 이혼율(2017년 기준 46.5%)에도 불구하고 누구도 이혼에 대한 개인의 결정을 비난하지 않는다. 또 1989년,

덴마크 사람들은 자신의 감정에 충실하다.
자신의 감정을 억누르며 사는 사람은 결코 창의적일 수 없다.

덴마크는 세계 최초로 동성 결혼을 법적으로 인정했고 그들에게 입양권을 허용했으며, 덴마크의 목사에게는 동성 부부에게 종교 의식을 베풀 수 있는 자율권이 있다. 이렇듯 개인의 결정을 존중하는 분위기는 개인적으로는 행복 지수를 높이고, 사회적으로는 문화적 다양성의 지평을 넓히고 있다.

30

잘사는 사람들의 나라, 덴마크

깨끗한 정치와 창의력이 만든 경제 대국 덴마크

—

이쯤 되면 이런 의문이 든다. 경쟁 교육을 지양하는 덴마크 사람들이 과연 치열한 국제 경쟁 사회에서 살아남을 수 있을까? 또 비싼 인건비의 덴마크에서 원활한 기업 운영이 가능할까? 하지만 이런 걱정이 무색할 만큼 덴마크 기업들은 승승장구 중이다. 그리고 덴마크 사람들은 정말 잘산다. 2017년 1인당 국민소득이 세계 9위, 약 6만 달러. 덴마크 사람들의 행복 지수가 높은 이유 중 하나는 바로 그들의 경제 수준이다.

노동 친화적인 나라로 유명한 덴마크는 사실 알고 보면 기업 친화적인 나라이기도 하다. 2014년, 미국 경제 전문지 《포보스》가 선정한 기업하기 좋은 나라 1위에 뽑힐 정도다. 덴마크가 기업하기 좋은 첫 번째 이유는 직원의 자유로운 해고가 가능하다는 데 있다. 물론 실업 수당 등 탄탄한 복지제도가 뒷받침되어 있기 때문에 가능한 일이다.

덴마크가 기업하기 좋은 두 번째 이유는 노사 분규가 거의 없다는 데 있다. 국민의 70~80%가 가입한 노동조합과 투명한 경영을 기초로 하는 기업은 신뢰를 바탕으로 늘 타협하며 문제를 해결해 나간다.

세 번째 이유로는 부정부패 없는 깨끗한 행정 제도에 있다. 정부의 모든 행정이 투명하며 예측 가능하다. 이는 투자자들에게 가장 달콤한 유혹이다. 실제로 서울시립대 반부패행정시스템 연구소에서는 국가 청렴도가 1점 상승할 때 외국인 투자자들의 관심도가 26% 상승한다는 연구 보고서를 내기도 했다.

네 번째 이유는 21세기형 경쟁력인 창의성에 있다. 덴마크 기업에는 경쟁 교육이 아닌 창의 교육을 받으며 성장한 아이들이 입사하여 창의적인 제품을 만들어낸다. 게다가 수직이 아닌 수평적 사내 문화로 신입사원이 임원들의 눈치를 보지 않고 자유롭게 자신의 아이디어를 공유하기에 제품이 창의적일 수밖에 없다. 덴마크는 1인당 세계 최고의 특허 출원 및 특허 획득 국가 중 하나일 정도로 자유롭고 창의

세계 1위 해운 기업인 덴마크 머스크(Maersk)

적인 아이디어가 가득한 나라다.

이런 장점으로 매출을 올린 덴마크의 기업들은 정직하게 세금을 납부한다. 레고, 칼스버그, 머스크 등 세계 최고의 덴마크 기업들은 이렇게 국민, 정부와 함께 동반 성장을 하고 있다.

경제 대국이 만든 복지 대국 덴마크

—

덴마크 복지의 특징은 보편적 복지와 개별적 복지다. 가족 중심인 한국과 달리 복지의 단위가 개인이다. 예를 들어 한국은 독거노인에게 자녀가 있으면 복지 혜택이 줄어든다. 반면 덴마크는 가족과 관계 없이 혜택을 받을 수 있다. 그 이유는 아주 단순하며 자명하다. 평생 열심히 일해 많은 세금을 낸 노인들의 노후는 당연히 국가의 책임이라는 것이다.

한때 한국에서 무상 급식이 이슈가 된 적 있었다. 당시 일부에서는 선택적 복지로 부자들보다는 가난한 사람들에게 더 많은 혜택을 줘야 한다고 주장했다. 만약 덴마크 사람들이 이 뉴스를 접했다면 이런 이야기를 했을 것 같다.

"부자들은 더 많은 세금을 내는데 왜 부자들을 소외시키는 거지? 모두 평등한 국민들인데 왜 등급을 나누려 하는 것일까? 그리고 매년 등급을 나누는 데 들어가는 막대한 비용은 누구의 돈인가? 무엇보다도 부모의 소득에 따라 아이들의 등급을 나누는 것 자체가 너무 부도덕한 행위 아닌가?"

물론 덴마크가 모든 국민들의 생활을 보장해줘서 사람들이 일을 안 해도 잘 먹고 잘살 수 있게 해주는 나라는 결코 아니다. 우리가 흔히 말하는 최저 임금의 가치는 이 정도도 못 받으면 인간답게 살 수 없다는 뜻이다. 덴마크의 복지는 럭셔리한 생활을 보장해주는 제도가 아니라 인간으로서의 존엄을 잃지 않고 살 수 있는 최소한의 안정망을 제공하는 것이다.

덴마크는 정년 은퇴 나이가 67세 정도다. 정년 시기를 늦춘 이유도 가능한 국민들이 오래 일을 해서 세금을 낼 수 있도록 유도하는 것이다. 덴마크 사람들은 잘 알고 있다. 일을 함에 있어서의 능력은 개인의 책임이지만 양질의 일자리를 만들어내고, 최소한의 사회적 안전망을 유지하는 것은 국가의 책임이라는 사실을 말이다.

나라다운 나라, 덴마크 사람들의 인생

한 아이가 태어났다. 엄마, 아빠는 육아 휴직을 충분히 받고 국가에서 보조금까지 받아 아이를 키운다. 세금이 들어가는 일이다. 괜찮다. 어차피 부모가 받은 보조금은 아이를 먹이고 입히는 데 쓰기 때문에 그 지역 상인들이 모두 나눠 가질 것이다. 그럼 국가는 상인들에게 더 많은 세금을 거둘 수 있으니 남는 장사다. 아이가 무럭무럭 자라서 학교에 간다. 교육비는 모두 무상이다. 심지어 대학생 아

행복의 기본은 국가가 나를 지켜준다는 신뢰에서 나온다.

이는 국가에서 용돈까지 받는다. 괜찮다. 어차피 아이의 엄마, 아빠가 열심히 일해서 낸 세금이니 국가는 손해 볼 것이 없다. 국가는 이 아이가 취업하는 순간을 기다릴 것이다. 아이가 취직을 하면 세금을 걷을 수 있기 때문이다. 예상대로 이 아이는 취업을 해 열심히 일하고 세금도 꼬박꼬박 잘 낸다. 다행이다. 국가는 지금까지 이 아이에게 쓴 모든 세금보다 더 많은 돈을 거둬들였다. 열심히 일하던 아이가 어느덧 나이가 들어 은퇴를 했다. 하지만 괜찮다. 이 아이가 평생 낸 세금이 아직 많이 남아 있어 국가는 이 아이에게 연금을 지급할 수 있다. 그런데 이 아이가 장수를 하는 바람에 연금이 더 들어간다. 괜찮다. 이 아이는 국가에서 받은 연금의 전부를 동네 시장에서 쓰기 때문이다. 다행이다. 이 아이의 100% 소비 덕분에 국가는 더 많은 세금을 거둘 수 있다. 정말 대단한 국가다. 지금까지 '보편적 복지'라는 온갖 생색은 다 내면서 손해 보는 장사는 하지 않았으니 말이다. 이제 이 아이는 국가의 보호 아래 편하게 생을 마감한다.

대한민국의 모든 이순신들이여,
이제는 바이킹을 타자!

―

한국 사회는 격동의 한 세기를 보냈다. 100년 전, 조선을 지배하던 기득권 세력들의 잘못된 판단으로 나라를 빼앗겼다. 기득권들은 친일파가 되어 권력을 이어나갔지만 빼앗긴 주권을 되찾겠다는 일념으로 수많은 이순신들은 목숨을 바쳐 독립운동을 했다.

드디어 꿈에 그리던 광복! 모든 것이 제자리로 돌아올 듯 보였지만, 이념 대결인 냉전시대를 이용해 친일파들은 친미파가 되어 또다시 기득권을 이어갔다. 임시정부에서 만든 민주주의의 가치는 훼손되었고 독재가 정당화되었다. 하지만 국민이 주인인 나라를 꿈꾸며 수많은 이순신들은 목숨을 바쳐 끊임없이 독재에 항거했다.

드디어 민주화가 이루어졌다. 모든 것이 제자리로 돌아온 듯 보였지만 기득권들은 이제 경제권력과 손을 잡아 살아났고, 결국 그들이 만든 정경유착과 부정부패는 IMF 외환 위기라는 비극을 초래

했다. 하지만 책임지는 사람은 아무도 없었다. 부도난 나라를 살리기 위해 다시 이순신들이 나서서 허리띠를 졸라맸다.

드디어 외환 위기를 극복했다. 이제 진짜 모든 것이 제자리로 돌아온 것처럼 보였다. 하지만 기득권들은 다시 살아남아 한국 사회의 양극화를 심화시켰고, 국정농단이라는 또 다른 비극을 만들었다.

격동의 100년! 이제는 포기할 만도 한데, 이순신들은 포기하지 않았다. 나라를 되살리기 위해 촛불을 들었다. 한겨울 광장에 나와 나라다운 나라를 외치고 또 외쳤다.

대한민국의 모든 이순신들이 꿈꾸는 나라는 유토피아가 아니다. 그저 교과서에 쓰인 대로 민주주의를 지키며 평등한 사회에서 모두들 자신의 일을 즐기며 살 수 있는 그런 나라다. 마지막으로 이 말을 꼭 하고 싶다.

"대한민국의 모든 이순신들이여! 이제는 바이킹을 타자!"

• 덴마크 주요 역사 연표 •

시대구분	연도(왕은 재위기간)	시대/왕	주요 사건
고대	BC250만 년~	구석기시대	• 툰드라 지역에 유목민 정착
	BC4000~1700	신석기시대	• 농사의 시작. 지중해 남부유럽으로부터 전해짐
	BC1700~500	청동기시대	• 실케보르 지역에서 미라 발견
	BC500~AD1	켈트 철기시대	• 할슈타트 문화의 영향
	1~400	로마 철기시대	• 유틀란트반도를 중심으로 바이킹 왕국 형성
	400~800	게르만 철기시대	• 로마 분열 후 많은 문화가 뒤섞임
바이킹시대	800년대	고드프레드 왕	• 프랑크 왕국 샤를마뉴 대제의 북방 진출 저지 및 데인방벽 건설
	934~958	1. 고름왕	• 문헌에 등장한 최초의 왕 • 덴마크 옐링 지역을 수도로 정함 • 아내 티이라를 기리기 위해 옐링 비석 세움
	958~986	2. 하랄 블라톤	• 기독교 개종 후 기독교 국가로 탈바꿈 • 덴마크 전역 통일 및 노르웨이 정복
	986~1014	3. 스벤 1세	• 잉글랜드 원정에서 승리 후 덴마크-잉글랜드 제국 건설
	1014~1018	4. 하랄 2세	• 스벤 1세의 영국 원정기에 덴마크 통치
	1018~1035	5. 크누드 2세	• 덴마크, 영국, 노르웨이, 스웨덴을 아우르는 북해 제국 건설
	1035~1042	6. 하르다크누드	
	1042~1047	7. 망누스 1세	• 바이킹시대의 종말
중세시대	1047~1074	8. 스벤 2세	• 중세의 시작
	1074~1080	9. 하랄 3세	• 덴마크 전통 풍습을 바꿔나감
	1080~1086	10. 크누드 4세	• 로마 가톨릭의 첫 덴마크 성인(聖人)으로 추대됨
	1086~1095	11. 올라프 1세	• 덴마크 왕 중 유일하게 무덤을 알 수 없는 왕(암살로 추정)
	1095~1103	12. 에리크 1세	
	1104~1134	13. 닐스	
	1134~1137	14. 에리크 2세	• 스웨덴 룬드(Lund)로 천도
	1137~1146	15. 에리크 3세	• 처음이자 마지막으로 퇴위당한 군주
	1146~1157	16. 스벤 3세	• 로스킬데 대학살 사건(1157)

바 이 킹 을 탄 이 순 신

	1146~1157	17. 크누드 5세	• 스벤 3세와 공동 왕
	1146~1182	18. 발데마르 1세	• 10년간의 덴마크 내전 종식 • 양형제인 압살론 주교 임명(그가 구축한 셀란 섬의 요새가 후에 코펜하겐이 됨) • 압살론 주교의 서기였던 삭소 그람마티쿠스가 《덴마크의 업적》 저술(후에 《햄릿》의 모티브가 됨)
	1182~1202	19. 크누드 6세	• 에스토니아에 십자군 보냄
	1202~1241	20. 발데마르 2세	• 독일의 슈타테, 함부르크 정복 • 린다니세 전투에서 승리하며 에스토니아 정복 • 덴마크 국기(단네브로) 채택
	1241~1250	21. 에리크 4세	• 동생 아벨에게 살해당함
	1250~1252	22. 아벨	• 농민반란으로 사망
	1252~1259	23. 크리스토페르 1세	• 교회 행사 중 독배를 마시고 사망
	1259~1286	24. 에리크 5세	
중세시대	1286~1319	25. 에리크 6세	• 기근에 의한 반란
	1320~1326 1330~1332	26. 크리스토페르 2세	• 왕권을 제한하는 헌장에 서명
	1326~1330	27. 발데마르 3세	• 사실상 귀족들과 독일인들이 다스림
	1332~1339	왕위 공백기간	
	1340~1375	28. 발데마르 4세	• 에스토니아 매매로 왕실의 빚 상환 및 대부분의 영토를 회복 • 한자동맹 세력하의 스웨덴 고틀란드 섬 침공 실패
	1375~1387	29. 올라프 2세	• 덴마크, 노르웨이 국왕 겸임 • 사실상 모친인 마르그레테가 섭정
	1387~1397	30. 마르그레테 1세	• 칼마르 동맹으로 덴마크, 노르웨이, 스웨덴 북유럽 3국 지배
	1397~1439	31. 에리크 7세	• 1412년까지 마르그레테 1세가 섭정
	1440~1448	32. 크리스토페르 3세	• 칼마르 동맹의 균열
	1448~1481	33. 크리스티안 1세	• 코펜하겐 대학 설립(1479)
	1481~1513	34. 한스	• 평민 계층의 관료 등용 시도

	1513~1523	35. 크리스티안 2세	• 스톡홀름 피바다 사건(1520) • 칼마르 동맹 정식 해체(1521) • 루터교 개종 • 반귀족정책으로 강제 퇴위 후 칼룬보르 성에 감금됨
	1523~1534	36. 프레데리크 1세	• 한스 타우젠(Hans Tausen)의 종교개혁 지원
	1534~1559	37. 크리스티안 3세	• 루터교를 국교로 채택
	1559~1588	38. 프레데리크 2세	• 르네상스 시대를 맞이함 • 크론보르 성 건립 • 천문학자 티코 브라헤(Tycho Brahe, 1546~1601) 지원
	1588~1648	39.크리스티안 4세	• 중상주의 정책 실시 • 코펜하겐에 수많은 건축물과 성, 수많은 도시 건설 • 많은 업적에도 불구하고 전쟁광으로 평가됨
절대왕정시대	1648~1670	40. 프레데리크 3세	• 절대 왕정 칙령 반포
	1670~1699	41. 크리스티안 5세	• 덴마크 과학기의 황금시대
	1699~1730	42. 프레데리크 4세	• 농노제 부분 폐지 • 스웨덴과 힘의 균형을 통해 전쟁 없는 평화 상태 지속
	1730~1746	43. 크리스티안 6세	• 크리스티안보르 궁전 건축 • 교역과 상업을 발전시키고 은행들이 설립됨
	1746~1766	44. 프레데리크 5세	• 7년전쟁(1756~1763)에서의 중립 유지로 대외무역 증진 • 농촌 사회의 변화
	1766~1808	45. 크리스티안 7세	• 왕 주치의였던 슈트루엔제(Struensee)의 권력 남용 • 프랑스 혁명(1789) 이후 계몽주의 성장 • 영국의 코펜하겐 무차별 공격
	1808~1839	46. 프레데리크 6세	• 토지 개혁(1835)으로 전체 농민 90% 개인 농지 소유 • 안데르센《인어공주》발표(1837)
	1839~1848	47. 크리스티안 8세	• 지방 자치 완전 실시 • J. C. 야콥센의 칼스버그 창업(1847) • 실존주의 철학의 대부 키에르케고르(1813~1855) 활동 • 그룬트비의 국민고등학교 설립(1844) • 크리스튼 콜의 농민고등학교 설립(1849)

입헌군주제	1848~1863	48. 프레데리크 7세	• 절대 왕정 폐지, 대의정부와 입헌군주제 채택 • 1차 슐레스비히-홀슈타인 전쟁(1848~1852) • 세계 최초 비례대표제 도입(1855)
	1863~1906	49. 크리스티안 9세	• 2차 슐레스비히-홀슈타인 전쟁(1864) • 달가스의 황무지 개간 운동 • 노조와 고용주연맹의 9월 대타협(1899)
	1906~1912	50. 프레데리크 8세	• 덴마크 낙농업의 발달(협동조합을 중심으로)
	1912~1947	51. 크리스티안 10세	• 제 1차 세계대전(1914~1918) • 부활절 위기(crisis of 1920) • 토르발 스타우닝(1873~1942) 총리 활약 • 칸슬레르가데 타협(Kanslergade forliget) • 제 2차 세계대전(1939~1945) 중 독일 식민지 • 노란 별 운동(1942)
	1947~1972	52. 프레데리크 9세	• 냉전시대 시작 • 한국전쟁 중 적십자 병원선(유틀란디아 호) 지원 • 크리스티아나 자치 타운 인정
	1972~현재	53. 마르그레테 2세	• 오일쇼크 경제 위기(1973) • 시민합의회의 제도 정착 • 한국 방문(2007) • 금융위기 극복(2008) • 대한민국 대통령 초청 면담(2018) • 현 난민 문제가 사회적으로 대두됨

「이 도서의 국립중앙도서관 출판예정도서목록(CIP)은
서지정보유통지원시스템 홈페이지(http://seoji.nl.go.kr)와
국가자료공동목록시스템(http://www.nl.go.kr/kolisnet)에서 이용하실 수 있습니다.
(CIP제어번호: CIP2018036575)」

바이킹을 탄 이순신

1쇄 발행 2018년 12월 17일
2쇄 발행 2020년 11월 17일

글·사진 송용진
발행인 윤을식

이 책에 도움을 주신 분들
최은주 선생님
김유래 선생님
신연아 선생님
전주회 선생님
최새미 선생님
정남경 선생님

펴낸곳 도서출판 지식프레임
출판등록 2008년 1월 4일 제2016-000017호
주소 서울시 서초구 효령로26길 9-12, B1
전화 (02)521-3172 | **팩스** (02)6007-1835

이메일 editor@jisikframe.com
홈페이지 http://www.jisikframe.com

ISBN 978-89-94655-70-3 (03920)